发电企业精益管理体系构建与案例选编

上册

《发电企业精益管理体系构建与案例选编》编委会 著

SPM 南方传媒 | 广东经济出版社

·广州·

图书在版编目（CIP）数据

发电企业精益管理体系构建与案例选编：上下册／《发电企业精益管理体系构建与案例选编》编委会著．—广州：广东经济出版社，2022.5
ISBN 978－7－5454－8001－6

Ⅰ．①发…　Ⅱ．①发…　Ⅲ．①发电厂—工业企业管理—案例—汇编—中国　Ⅳ．①F426.61

中国版本图书馆 CIP 数据核字（2021）第 211637 号

责任编辑：毛一飞
责任校对：刘紫娟
责任技编：陆俊帆
封面设计：吴东贤

发电企业精益管理体系构建与案例选编：上下册
FADIAN QIYE JINGYI GUANLI TIXI GOUJIAN YU ANLI XUANBIAN：SHANGXIA CE

出 版 人	李　鹏
出版发行	广东经济出版社（广州市环市东路水荫路 11 号 11～12 楼）
经　　销	全国新华书店
印　　刷	广州市友盛彩印有限公司 （广州市增城区新塘镇太平洋工业区 113 号厂房 A2 一楼 C 区）
开　　本	787 毫米×1092 毫米　1/16
印　　张	28.5
字　　数	469 千字
版　　次	2022 年 5 月第 1 版
印　　次	2022 年 5 月第 1 次
书　　号	ISBN 978－7－5454－8001－6
定　　价	98.00 元（上下册）

图书营销中心地址：广州市环市东路水荫路 11 号 11 楼
电话：（020）87393830　邮政编码：510075
如发现印装质量问题，影响阅读，请与本社联系
广东经济出版社常年法律顾问：胡志海律师

编　委　会

序

当前，电力改革与市场化建设逐步进入深水区，国有发电企业作为电力市场的“主力军”之一，既面临着经济社会快速发展带来的重要机遇，又面临着深化国有企业改革的全新挑战。固守传统的管理模式只会使国有发电企业在现代管理的“大浪潮”中逐步陷入被动。因此，探索新的管理模式对国有发电企业来说已是刻不容缓。

2017 年，在中国华电集团有限公司（简称华电集团）的领导下，中国华电集团有限公司福建分公司（简称福建公司）乘势而为，以首批试点的棉花滩水电公司和可门发电公司两家单位为抓手，开启了“精益管理”之路。通过“一水一火”对精益管理的探索与实践，逐步形成了华电福建精益管理体系，即坚持目标引领、以问题为导向，构建“12363”精益管理工作思路，以安全为中心，推进区域做实、基层强基，着重强管理、抓重点、补短板，围绕安全管理、检修管理、发电运行、物料物资、市场营销、人才培养六大板块，并在此基础上延伸到财务管理、党的建设，从班组损耗改善、公司（部门）精益课题开展、公司（部门）精益文化创建三个层面开展精益管理。

当前，“碳中和”已成全球共识。我国已向世界郑重承诺，于 2030 年实现“碳达峰”、2060 年实现“碳中和”。福建公司响应号召、积极行动，通过持续推进提质增效、科学调度、经济运行等精益管理，逐步实现“水火风光气”全发电板块和全业务流程的精益管理“全覆盖”，助力实现

“双碳”目标。

福建公司精益管理体系自进入巩固提升阶段以来，已逐步形成常态化机制。截至2020年12月，25家基层单位共完成了1298个精益课题，提出了3112个消除损耗改善提案，举办了102场课题成果发布会以及51场消除损耗改善成果发布会。精益管理从“被动”转变为“主动”，培养了大批精益人才，创造了巨大的经济价值。福建公司系统各单位精益管理成果精彩纷呈——大厂有大厂的系统，小厂有小厂的亮点；有的以效益突破，有的以技术引领，有的以文化见长，有的以人才出众。通过开展精益管理，福建公司系统各基层单位逐步升级管理方法，不断细化安全生产、检修技改、经营攻坚、管理创新、项目发展、党的建设等环节，让企业在新发展形势下适应当前发展需要。乘“双碳”之风，福建公司绿色低碳转型发展，持续推进碳行动精益管理工作，加强各环节的过程控制，切实降低能耗，助力华电集团如期实现“碳达峰”“碳中和”目标；重视低碳技术攻关与应用，集约新能源管理；创建绿色低碳企业文化，推动形成绿色生产生活新风尚，通过开展精益管理，在不确定的背景下提高工作的确定性。通过精益课题的开展，企业管理者、员工思维变得更加活跃，更加具有团队意识和主动创新精神，实现了从“全员行动、你说我做”向“全员参与、我想我做”的实质性转变。精益管理已成为华电福建公司企业管理的重要抓手和企业品牌形象。

本书展示了福建公司所属各单位的精益管理文化及典型案例，为更多发电企业解决在转型发展过程中遇到的实际问题提供参考。

前言
PREFACE

2016 年年初，国资委召开了中央企业提质增效攻坚战动员会，提出“打好提质增效攻坚战”的要求，为电力企业在新形势下健康、平稳发展指明了方向。同年 5 月，华电集团积极响应党中央、国务院对于央企做强做优做大的战略要求，决心在集团内全面推行精益管理工作，倡导“消除浪费、创造价值、持续改善、精益求精”的核心理念，全力打好提质增效攻坚战。

精益生产理念最早起源于日本丰田汽车公司的丰田生产体系（Toyota Production System，TPS），其主要观点是识别企业中的浪费，优化企业管理制度，优化企业生产资源的配置和使用，减少或去除企业在生产过程中没有创造附加值的流程；核心追求是消灭一切浪费，形成一个对市场变化快速反应的独具特色的生产经营管理体系。

精益管理通过改变员工的行为习惯，保证全员积极参与改善，从而达到简单、快速、持续地提高效率、品质，减少浪费的目的。

那么，如何有效落实管理创新？如何让管理创新创造效益？近年来，福建公司积极响应，贯彻落实华电集团全面推行精益管理的工作部署，以精益管理为抓手，围绕发电企业的核心业务，深化改革创新，巩固 7S 管理成果，扎实开展提质增效，重点抓好“降本”和“增效”，全面启动了福建公司精益管理的探索与实践工作。

福建公司结合实际情况，组织制定精益管理实施方案，指导各发电企业全面推进精益管理。同时，采取“请进来、走出去”的方式，邀请专业人员对公司本部人员和基层单位负责人员、管理人员进行精益管理知识培训，并到中车集团、广汽丰田等单位学习先进的精益管理经验，以提升各单位推行精益管理的成效。

在福建公司的积极推动下，25 家基层单位高度重视，按照“策划试点、全面推广、巩固提升”3 个阶段稳步推进精益管理，用好诊断、分析、改善和标准化等精益管理工具，在做好安全管理、检修管理、发电运行、物料物资、市场营销、人才培养等 6 个方面的同时，积极探索融入企业中心工作的其他内容（如财务管理、党的建设等重点工作），形成了“规定动作不走样、自选动作有特色”的“华电福建·精益管理模式”。

目录

上册

第三部分　精益管理实践优秀案例展示

下 册

第一部分

福建公司精益管理概况

第一章 福建公司介绍

中国华电集团有限公司福建分公司（以下简称福建公司）成立于2003年2月21日，注册地在福州，是国家电力体制改革“厂网分开”时华电集团设立的第一批区域公司，负责华电集团在闽资产的运营管理和发展工作。

截至2020年12月底，公司共有管理单位30家，控股资产总额355.86亿元，资产负债率62%。公司在运电源总装机825.3万千瓦（水电262万千瓦、火电492万千瓦、风电63.5万千瓦、光电4.8万千瓦、气电3万千瓦），同时大比例参股（股比39%）福建福清核电有限公司，是福建省装机规模最大、电源种类最丰富的发电企业。

经过不断发展，公司产业结构独具特色。公司拥有25家在运发电企业、4家供电公司、1家区域售电公司，在建华电集团首座抽水蓄能电站、首座海上风电场，产业链涉及电力产、供、储、销，是华电集团首个拥有供电业务的区域；电源种类涵盖水、火、风、光、气，形成良好的多能互补电源布局；业务范围覆盖国内（福建）、国外（柬埔寨）。优质的经营资产保障了稳定的盈利能力，经营业绩持续位居华电集团直属单位前列。福建公司自成立以来先后荣获“全国文明单位”“全国五四红旗团委”“中国华电集团先进企业”“全国五一劳动奖状”等称号和荣誉。

第二章　福建公司精益管理历程

2016年5月，华电集团响应党中央、国务院对于央企做强做优做大的战略要求，决心在全系统开展精益管理工作。福建公司以此为契机，积极响应，提前部署，全面推行精益管理。通过开展前期培训、分步启动、部署推进、定期交流、提升培训、深化理念、年度发布等一系列活动开启精益管理的探索与实践。

一、前期培训

2017年3月，公司组织本部人员、各基层企业负责人以及管理人员参加了华电集团火电企业精益管理（第一期）培训，系统地学习了精益管理的理念、工具和方法。

二、分步启动

2017年5月，公司组织制定了《中国华电集团公司福建分公司精益管理实施方案》，明确指导思想、工作目标、实施步骤以及组织措施，分2个阶段全面推进实施精益管理。

（1）火电启动阶段。2017年6月，公司召开了全面推行火电精益管理启动专题会，会议要求精益管理工作要坚持有效性和长效性结合，坚持全员参与、全员持续改善。

（2）水新启动阶段。2018年2月，公司下发了《关于全面推进水电与新能源企业精益管理的通知》，全面推进水电与新能源精益管理，在7S管理基础上再改善、再提升。

三、部署推进

2018 年 4 月，公司召开精益管理推进会，进行再动员、再部署。会议指出：推行精益管理是公司提升“做实、强基”水平，推进高质量发展，实现转型升级的必然选择，是实施“四大工程”之一“高效能管理提升工程”的重要内容。各单位要把推行精益管理工作作为重点，牢固树立价值思维理念，传承提炼、总结固化、创新管理，用精益管理的理念为企业“降本”“增效”，促进企业全面提质增效。

四、定期交流

为促进各单位精益管理工作的提升，结合公司季度生产会商会定期开展精益管理成果的总结提炼和交流分享，实现水、火、风、光、气全覆盖，立足实际，取长补短，各具特色。

五、提升培训

公司多次对基层单位相关人员进行精益管理专题培训。通过专家讲课、互动交流和案例分析等方式，深化精益管理理念，改进精益管理方法。

六、深化理念

2019 年 7 月，公司在年中工作会议上，提出“强管理、抓重点、补短板”的精益管理工作思路，全面推进精益管理工作，拓展应用深度和广度，持续抓好高效能管理提升工程，找准切入点和着力点，不断提升“做实”“强基”水平。

七、年度发布

公司连续三年成功举办年度精益管理成果发布会。发布会精彩纷呈，课题成果质量高、覆盖范围广、问题精准深入，不仅“做”出了精益成果，更“说”出了精益氛围，对公司各项工作的改进和推动起到了积极的作用。

第三章　福建公司精益管理特色

福建公司以习近平新时代中国特色社会主义思想为指导，认真贯彻落实华电集团相关会议精神，按照公司发展的目标和要求，导入精益管理理念，运用精益管理工具，做实存量，做优增量，不断提升企业管理水平，提高盈利能力。

福建公司坚持目标引领，以问题为导向，以精益管理为抓手，按照“一中心、二落实、三重点、六方面、三层面”的“12363”精益管理思路全面、有序推进各项工作。开展火电“提质增效”和水电“比水电经济运行、促节水增发电量”竞赛，构建交流平台，“水、火、风、光、气”齐头并进，彰显福建公司精益管理特色。

一、领导重视，全员参与，持续推进实施精益管理

全面推行精益管理，是福建公司创新管理、提质增效的一项重要举措，是影响深远的系统性、全局性工作，需要领导重视、全员参与、齐心协力、共同推进。各单位“一把手”要高度重视，把精益管理工作作为公司年度重点工作全力推进。树立全员“消除浪费、创造价值、持续改善、精益求精”理念，调动基层、班组、一线员工参与精益管理的主动性和积极性，实现从认识精益管理、接受精益管理到主动参与精益管理，从“要我管”到“我要管”再到“我会管”的转变。福建公司通过精益管理培养了一批精益人才，激发广大干部、员工的热情，全面提升企业的核心竞争力。

二、立足实际，融入中心，加强精益管理学习交流

福建公司把精益管理作为“强基”工作的重要抓手，坚持以问题为导

向，把精益管理工作与生产经营实际和企业提质增效等重点工作相结合，培养精益思想和习惯，求新求变，持续改善，降本增效。结合召开会议定期交流、检查各单位精益管理工作的推进情况，以精益管理月报、劳动竞赛月报等形式，推进公司精益管理工作常态化。搭建精益管理学习交流平台，推荐精益管理成效显著的单位在生产会商会上交流经验，以起到互相学习、取长补短的作用。每年组织精益管理课题成果发布会，检验各所属单位年度精益管理成效，奖励优秀课题成果，形成头雁效应，引领精益管理工作推进。在推行过程中，公司所属各单位自主创新，比学赶超，强管理，树品牌，育文化，形成了各具特色的管理体系；优秀课题成果在管理创新、科技项目、专利设计等领域百花齐放，硕果累累，全面提升企业的管理水平。

三、样板先行，水火共进，实现精益管理全覆盖

福建公司按照精益管理实施方案主动探索，以可门发电公司为火电样板单位，先行开展火电板块精益管理工作；以棉花滩水电公司为水电试点单位，推进水电新能源板块精益管理工作。福建公司以板块单位为引领，通过火电深化提升、水电全面推广、风电开展试点，从火电、水电板块开展，延伸到新能源板块，多点开花，实现福建公司系统25家基层单位精益管理工作全覆盖。

可门发电公司坚持目标引领，以问题为导向，按照“12363”的工作思路，确立了三级管控模式，构建了“四明、五立、三化”精益管理体系，培养优秀精益管理督导师，出版精益管理丛书，成为福建公司系统推行精益管理的“硬实力”典范。棉花滩水电公司是华电集团唯一一家承担三个精益课题的三级单位，2019年被福建公司确定为“检修实体化改革试点”，总结提炼出了“七化”管理体系，创建了“3+3”安全管控模式、“运行五册”、机组检修仿真系统、机组检修标准化等精益管理特色，精益管理“软实力”凸显。永安发电公司按照“3+3”精益管理思路，抓好重点工作、目标指标、业务流程三融合，做到精益管理自主化、全员化、常态化。漳平能源公司创建精益管理样板，坚持月度考评，广泛宣传，引领全员逐步树立精益管理意识，实现长效管理。华安水电厂深入开展浪费识

别和小创新、小改善工作，部分成果在漳州市“五小”创新大赛上屡获殊荣。

第一节　可门发电公司精益管理推行历程、特色与模式

一、精益管理推行历程

2017 年，可门发电公司在华电集团的指导下，顺应形势变化，积极谋划内涵发展之路，确定了九大核心业务板块的总体构架，率先在福建区域启动了精益管理工作。在启动会上，时任可门发电公司总经理的黄彪斌提出精益管理是“一把手工程”，必须结合日常工作开展；是解决总经理的事，是把每项经营管理要求、措施落实到每个员工，让每个员工动起来，真正参与其中的重要手段；并明确指出精益管理工作是可门发电公司的重要工作之一，指明了可门发电公司精益管理的发展方向。

2018 年，可门发电公司开展精益管理深化年活动，明确指出精益管理是一种工具，其目的是提质增效。可门发电公司总经理张聘还指出，精益管理的“精”就是“深”，即深入持续改善管理，追求精益求精的过程；以大安全为基础，注重实用性和实效性，积极培养员工的问题意识、改善意识、创新意识和服务意识，建立自主管理机制，形成日常化、常态化的管理；再三强调精益管理是着眼于长远的深化改善管理之道，给深化开展精益管理点亮了一盏明灯。

同时，还明确了精益管理“12364”工作要求。“1 个基础”是指大安全基础。开展精益管理不但要夯实生产安全基础，还要夯实财务安全、纪检安全、基建安全等大安全基础。“2 个目标”是指开展精益管理要有实用性和实效性。精简无价值的东西，多获得实际有效的成果。“3 个注重”是指要注重成效和长效，注重创新，注重精益文化的建设。构建具有可门特色、适合火电企业推广运用的精益管理体系。“6 个不变”是指“一把

手工程”的要求不能变，全员参与的要求不能变，人才培养的要求不能变，融入日常工作的要求不能变，问责、奖惩的要求不能变，宣传引导的要求不能变。持续深化开展精益管理工作，使之成为系统、规范、实用的管理体系。“4 种意识”是指让员工树立问题意识、改善意识、创新意识及团队意识。员工习惯的形成、素养的提升是精益管理持续改善、精益求精的源泉。进一步阐述了精益管理的目标方向及着力点。

2019 年，可门发电公司注重精益管理人才的培养，推进精益管理督导师培训、学习、认证工作；带领一批优秀的督导师走进精益管理优秀企业深入学习，探索精益理念；全面推行精益管理优秀部门考评制度，并促进执行电厂、部门、班组精益管理文化理念的落地生根，使精益管理工作深入人心。

二、精益管理推行特色

精益管理工作在两任领导班子和全体员工的共同努力下，历经迷茫、困惑，突破种种发展瓶颈，从点滴做起，用“引进来，走出去”的方式开阔视野，引领创新，求真务实。一路走来，步伐铿锵，成绩亮丽，形成了“五经、四位、三全、二重、一体”的可门经验。

1. “五经”是五大经验

（1）通过创建精益大课题、消除损耗改善和形成精益理念三大方式，将精益文化和模式同步进行，全面推进，避免了单一的课题形式，同时开拓了员工的创新思维，激发了员工的热情，促进了精益管理模式的建立，逐步形成了独具可门发电公司特色的精益管理体系。

（2）以问题为导向，创新目标和服务导向，拓宽了员工寻求解决问题的着眼点。

（3）立足“从小到大”的发展原则，先从小处着手，从问题着眼，结合日常工作，注重实效，先让员工体会到精益管理带来的好处，提高员工参与的积极性。

（4）建立多层次推进模式，形成各具特色的分级管理，让员工更有自主权和创新想象力，获得成就感，促进长效性的发展。

（5）落实“两沉”，把推进模式和奖惩考核沉降到班组，落实到个人。让员工觉得这是自己不得不做的事，也是有益的事，夯实执行基础。

2.“四位”

（1）工具定位。精益管理是一种科学的管理方法，不是独立于日常工作的工作。要融入日常工作，纳入工作奖惩考核，实现全面落实、全面开展、全面重视。

（2）引领归位。精益管理的目的是提质增效，以实效性引导，进行攻坚克难，切实解决日常工作中的问题。

（3）考评在位。得力者得益。精益管理应当与奖惩、评先评优、岗位晋升挂钩，体现努力者与不努力者不一样，这样努力者才能长期有动力。

（4）认识到位。精益管理是一个持续改善的过程；精益求精不是做过一次就行了，而是一个反复改善、提升的过程。

3.“三全”

（1）全员参与。借助消除损耗改善活动，从小处着眼，促进全员参与，掌握精益管理方法，建立精益思维。

（2）全员培训。组建精益管理督导师机构，用“引进来，走出去”的方式打造精益管理督导师团队，培养人才，建立内训体系，实现全员培训，确保精益管理持续、深化开展。

（3）全面宣传。制作精益管理看板、视频，利用公司网站、报刊及微信公众号等信息手段进行全面宣传，激发员工的热情，加强统一认识。

4.“二重”是两个重视

（1）重视年轻员工的培养。通过精益管理让生产一线的年轻员工能更早、有更多机会接受管理方面的培养，为企业培养和储备管理人才，并发挥年轻员工的创新力。

（2）重视精益展示平台搭建。让更多的员工走上展示平台，得到锻炼，获得荣誉感，提高参与的热情，同时为企业提供发现人才的重要途径。

5.“一体”是外委单位精益管理一体化

对外委单位实行同步骤、同要求、同发展管理。外委单位与可门发电公司共同进步，共享可门发电公司的发展成果。

三、精益管理模式

可门发电公司的精益管理工作在“五经、四位、三全、二重、一体”的推动下，以九大核心业务为基础，经历策划试点、全面推广、巩固提升三大阶段，逐步形成“四明、五立、三化”特色精益管理体系（图1－1）。

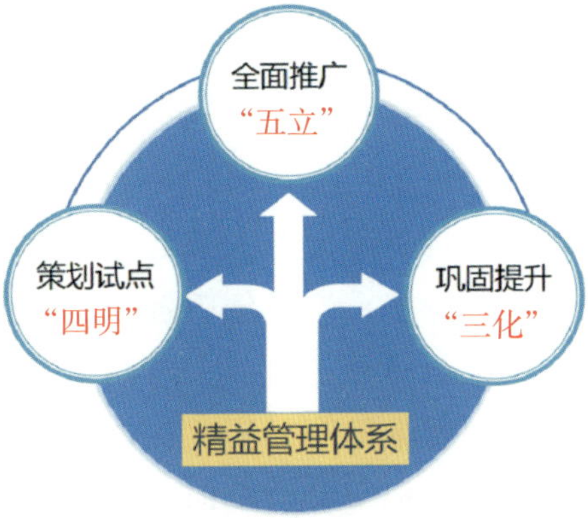

图1－1　可门发电公司特色精益管理体系

“四明、五立、三化”特色精益管理体系是指：

（1）策划试点阶段落实“四明”：明确认识、明确定位、明确步骤、明确过程。

（2）全面推广阶段实施“五立”：立布局、立机制、立平台、立三大着力点、立“334”模式。

（3）巩固提升阶段实行“三化”：部门自主管理常态化、精益7S评价系统化、精益理念文化化。

1.“四明”

（1）明确认识，精益管理是一种工具，其目的是提质增效。

（2）明确定位，其定位为“一把手工程”，用于协调、组织各方面人员与资源；定位为长期性的工作，是长期改善的过程，使员工形成精益意识，养成精益管理的思维习惯。

（3）明确步骤，通过开展试点课题，运用精益管理工具和方法，建立解决方案的步骤。通过建立课题库，深化课题推广，实施全员消除浪费，达到系统性的优化改善。通过建立体系文化，把精益管理理念融入企业文化，形成“点→面→体”逐渐扩展的步骤。

（4）明确过程，明确由“如何做精益大课题”的认识过程、“如何推进精益管理工作”的体系建立过程到“如何形成精益管理长效机制”与日常工作融合的过程，注重实效，形成良性循环机制，让员工切实感受到精益管理带来的收益。

2.“五立”

（1）立布局。建立“一纵到底，一横到边”的整体布局。在组建层次方面实行“一纵到底”：执行电厂→部门→班组（外委协作单位），形成一个从上至下的多层次结构；制定九大核心业务体系，形成总纲，各个部门、专业、班组进行层层分解，诊断分析各个层面的日常工作问题，实现内容、层次全覆盖。在推行方式方面实行“一横到边”：以做大课题为单个着力点试行，逐渐运用思维导图、消除损耗、大课题、精益理念等方式将其推广到各个工作面，实现全员、全面、全过程管理。以问题、目标和服务为导向，结合日常工作，以单个问题为改善点开始逐渐扩展，形成“单个问题点→跨专业问题→跨部门问题→系统链问题”的扩展过程，实现业务范围全覆盖（图1-2）。

图1-2　以单个问题为改善点扩展

（2）立机制。建立组织机制、推进机制、激励机制、竞赛机制四大机制，确保精益管理工作全面、有序地开展。

（3）立平台。搭建培训、交流、宣传三大平台，促进精益管理工作水平不断提高，持续形成浓厚的全员参与氛围。

（4）立三大着力点。大力开展以提升企业经营绩效为目标的精益管理活动课题。全面推行消除损耗方案，不断提高员工的改善意识，优化资源配置，完善流程，美化环境，提高工作效率，实现价值最大化。促进精益管理理念、精益人文理念的形成，打造精益素养的基础。

（5）立“334”模式。强调例会制推动、任务制落实、问责制闭环三项保障制度，统一员工思想、目标和步伐，助推部门自主管理，建立常态化管理，实行“抓源头、抓头头”的方针，注重成效，建立长效机制。通过使用思维导图法、精益管理看板法、多媒体手段法三种有效工具布局精益管理工作面，监督、培训、传承、宣传和展示部门、员工的精益特色和精益风采。抓牢问卷调查法、“秘书制”法、挂点制法和约谈制法四种实用方法。

3. “三化”

（1）部门自主管理常态化。将推进模式、奖惩考核下沉到班组、个人及外委协作单位，实现纵向延伸，实现多级推进。

（2）精益7S评价系统化。根据《公司精益管理优秀部门考评办法》，坚持过程评价与结果评价相结合、奖励与考核并重、引导与自主管理同步的原则，评选精益管理优秀部门，树立典范。

（3）精益理念文化化。进一步提炼、提升可门发电公司各部门精益理念，形成可门发电公司精益文化，建立企业人文理念，固化精益观念，培育精益素养，形成企业管理新动力。可门发电公司精益文化初具雏形，形成了三级精益理念文化，部门、班组精益文化独具特色，精彩纷呈。

第二节　棉花滩水电公司精益管理概况、体系与特色

一、精益管理概况

棉花滩水电公司持续创建华电集团五星级发电企业，是福建区域水电

强基示范单位，全面、优质地完成了“强基及7S提升”工作，获得上级的充分肯定和广泛好评。2017年，棉花滩水电公司被华电集团列为精益管理水电试点单位，是唯一一家承担安全、运行和检修三个精益课题的三级单位。棉花滩水电公司确定了推进精益管理的组织架构与职责、实施框架，应用“七化”管理体系，按精益管理实施方案和办法推进各项工作。

1. 推进精益管理的组织架构与职责

为确保精益管理工作的顺利开展，落实各项工作责任，如期完成任务和实现目标，棉花滩水电公司成立了精益管理组织机构，并对组织架构、小组及人员的职责做出了明确规定。

2. 精益管理实施框架

为了实现“少投入、多产出”的管理目标，棉花滩水电公司构建了精益管理的实施框架，包含精益愿景、精益指标、精益支柱、精益基础和精益内核（图1－3）。

图1－3 精益管理实施框架

精益愿景——持续打造华电集团一流水电标杆企业。

精益指标——“三大指标”：经营业绩指标、安全业绩指标和技术经济指标。

精益支柱——“七化”管理体系和精益方法体系。“七化”管理体系包括工作任务明细化、专项检查具体化、表单文档格式化、项目管理精细化、现场管理标准化、培训管理规范化、对标管理精益化；精益方法体系包括大课题改善、浪费识别与消除、流程优化、防错设计、准时管理、对标管理和自主维护，通过这两大体系来推进日常的精益管理工作。

精益基础——“精益推进、激励和长效保持机制”“持续的7S和强基工作”“浓厚的学习改善氛围”。通过建立机制、开展7S提升和强基工作去改变、提升员工的思想认识、行为准则、过程操作和思考方式，形成浓厚的精益氛围，持续不断地进行精益改善。

精益内核——“持续改善”，三大总体目标是“提效益、降成本、谋发展”。通过持续不断的精益改善，不断降低企业的经营成本，实现员工的个人发展和企业效益的增长。

二、“七化”管理体系

棉花滩水电公司根据多年来安全生产工作中存在的问题，结合多年的水电安全生产管理经验，应用7S管理方法和精益管理工具，对国家、行业及上级公司的有关标准、制度要求进行全面梳理，总结提炼出基于标准化管理的安全生产管理标准化体系——“七化”管理体系。其旨在解决“何时做，做什么和怎么做”的问题以及人和物的动态规范管理问题，解决因个体能力差异影响安全生产工作的问题，确保安全生产管理水平可持续、上台阶（图1－4）。

1. 工作任务明细化

制定定期例行工作提示卡、定期检修/定检标准项目表、定检预试周期表、验收“OK”单、标准操作票、交接班工作标准等，将日常工作任务明细化。

（1）定期例行工作提示卡：罗列所有工作内容，细化至部门、班组、岗位，在EAM系统中设置定时弹窗功能，提醒相关人员及时完成各项例行工作。

（2）定期检修/定检标准项目表：根据设备实际情况细化作业项目，

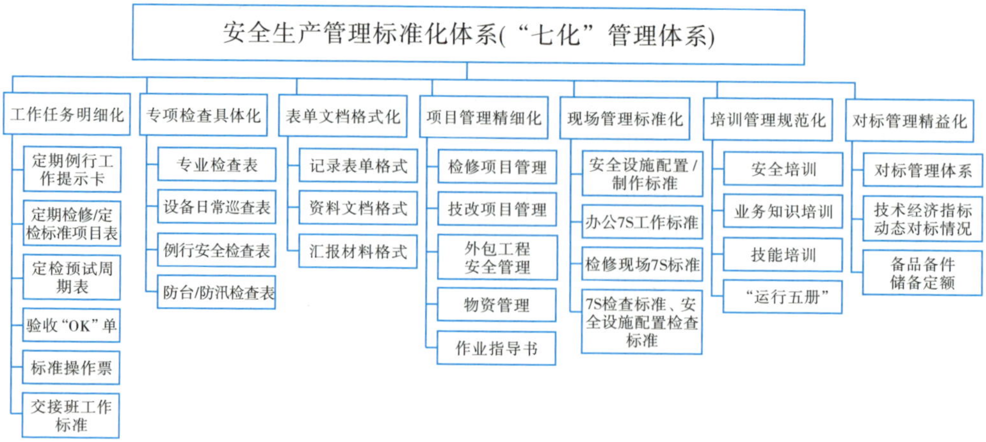

图1－4　安全生产管理标准化体系（"七化"管理体系）

做全、做细检修、试验、检验项目。

（3）定检预试周期表：根据设备实际情况对周期进行细化，及时、全面实施定检预试项目。

（4）验收"OK"单：根据设备实际情况细化三级验收、设备恢复前运行验收等项目，防止遗漏验收项目和随意开展验收工作。

（5）标准操作票：根据设备实际情况编制操作标准项目，避免漏项和错项。

（6）交接班工作标准：梳理班组交接班应交接的工作清单和工作标准，避免遗漏交接项目和随意开展交接工作。

2. 专项检查具体化

按照最新的国家标准、行业标准、上级公司的相关规定、要求和棉花滩水电公司实际分别编制、细化各种专项检查表，内容应详尽，可操作性强，使新手拿着专项检查表也可独立完成各项检查工作。避免因个人能力问题而出现检查不全面、不具体的情况，实现安全生产管理水平可持续。

（1）专业检查表：针对各种设备、设施分别编制，应涵盖"设计及技术状况""安装与检修试验情况""运行与维护情况"和"技术管理情况"，详细列出"检查内容""检查办法"和"依据及标准要求"。它侧重对设备、设施进行"全面体检"，既可作为安全评价自查细化表，又可作为业务知识培训教材。

（2）设备日常巡查表：针对各种设备、设施分别编制，侧重对设备、设施进行“外观检查”。

（3）例行安全检查表：包括防汛及25项反措检查、春查、迎峰度夏检查、秋查等。

（4）防台/防汛检查表：包括防台、防汛各级响应和台风前后、汛前汛后等各项检查表。

3. 表单文档格式化

梳理编制各类表单、文档格式，统一下发执行，实现记录、材料编写“填空化”，提高编写效率，缩短内业资料编写和汇总时间。

（1）记录表单格式：包括检修试验表单、审批表单、培训表单和生产管理表单等。

（2）资料文档格式：包括班组和部门周分析报告、电厂各种设备月度运行分析报告、会议纪要等各类报告、方案、纪要和总结等。

（3）汇报材料格式：包括班组、部门和电厂月度安全生产分析会材料、迎检材料等。

4. 项目管理精细化

全面梳理、融入国家标准、行业标准和上级公司的相关规定，编制、细化检修项目管理、技改项目管理、外包工程安全管理和物资管理等主流程和各节点工作的子流程，明确各节点工作时限、应具备的资料清单和格式；编制、细化设备的各类检修、试验、定检等作业指导书。作业指导书内容应详尽，可操作性强，使新手也可据此独立完成工作。确保项目管理、检修试验、定检等作业工作精细、到位，避免因个人因素影响工作质量。

（1）检修项目管理：编制、细化各类设备的检修项目管理主流程和各节点工作的子流程，明确各节点工作时限、应具备的资料清单和格式。

（2）技改项目管理：编制、细化技改项目管理主流程和各节点工作的子流程，明确各节点工作时限、应具备的资料清单和格式。

（3）外包工程安全管理：编制、细化外包工程安全管理主流程和各节点工作的子流程，明确各节点工作时限、应具备的资料清单和格式。

（4）物资管理：编制、细化物资从申报到领用主流程和各节点（包括申报、到货验收、领用、报废、入库等）工作的子流程，明确各节点工作时限、应具备的资料清单和格式。

（5）作业指导书：细化各种设备的各类检修、试验、定检等作业指导书。

5. 现场管理标准化

对照华电集团标准，对比最新国家标准、行业标准，对不符合的内容进行修订，形成棉花滩水电公司的7S工作标准和安全设施配置标准，制定棉花滩水电公司7S检查标准和安全设施配置检查标准。实现棉花滩水电公司各厂规范、统一，实现7S标准和安全设施配置标准的检查简单化，确保设备实用、环境美观。

（1）安全设施配置/制作标准：对照华电集团标准，对比最新国家标准、行业标准，修订有出入的内容，形成棉花滩水电公司的标准（图1－5）。

13×16.25cm

（a）安全标志组合牌制作示例图

型号	观察距离（L）	圆形标志的外径	三角形标志的外边长	正方形标志的边长
1	$0<L\leqslant2.5$	0.070	0.088	0.063
2	$2.5<L\leqslant4.0$	0.110	0.142	0.100
3	$4.0<L\leqslant6.3$	0.175	0.220	0.160
4	$6.3<L\leqslant10.0$	0.280	0.350	0.250
5	$10.0<L\leqslant16.0$	0.450	0.560	0.400
6	$16.0<L\leqslant25.0$	0.700	0.880	0.630
7	$25.0<L\leqslant40.0$	1.110	1.400	1.000
注：允许有3%的误差				

（b）安全标志牌的尺寸（单位：m）

图1－5 安全设施配置/制作标准

（2）办公7S工作标准：编制办公区域的7S标准。

（3）检修现场7S标准：以实际图例展示检修现场的7S标准，对检修现场部件、工器具等的存放做出规定。

（4）7S检查标准、安全设施配置检查标准：列出各部位检查标准，并配以各部位实际图片，固化7S标准和安全设施配置标准。

6. 培训管理规范化

利用在线培训考试系统，检修、运行仿真系统和“运行五册”，对员工进行安全知识、业务知识和技能培训，使员工的培训工作规范化和常态化。

（1）安全培训（在线培训考试系统、云培训系统）：为新入厂员工、转岗员工、外来员工等编制、细化安全教育流程与手册，以及应具备的记录资料等；利用上级公司和棉花滩水电公司的在线培训考试系统强化安全教育与考试。

（2）业务知识培训（在线培训考试系统）：完善在线培训考试系统题库、培训制度，强化业务知识培训与理论考试。

（3）技能培训（检修、运行仿真系统）：利用检修、运行仿真系统强化专业技能培训。

（4）“运行五册”：根据相关规定，编制、细化《运行管理制度摘编》《运行日常工作标准》《运行岗位培训手册》《运行技术指导手册》和《运行常用图纸汇编》，内容应简洁、实用，实现运行岗位认知和岗位培训的流程化。

7. 对标管理精益化

完善对标体系，实现实时显示重要技术经济指标的对标管理，强化刚性执行棉花滩水电公司规章制度的检查考核。致力实现重要技术经济指标和库存管理精益化、效益最大化，实现员工素养的长效提升。

（1）对标管理体系：完善对标体系，实现对动态对标和重要技术经济指标实时监控和闭环控制。

（2）技术经济指标动态对标情况：建立动态对标管理查询系统，实现对标管理的常态化。

（3）备品备件储备定额：结合多年设备运行、检修和技改情况，编制备品、备件储备的定额，指导库存管理。

三、精益管理特色

棉花滩水电公司根据多年来安全生产工作中存在的问题，运用“七化”管理体系对多年的水电安全生产管理经验进行总结，应用7S管理方法和精益管理工具，总结固化好的经验与成果，部分精益管理特色如下：

1.“3+3”安全管控模式

华电集团外包工程安全管理流程分为由业主班组（项目所在部门）、业主安监、承包队伍三方共同管理的三个流程，各自按照安全管理项目执行情况自查表，执行不同的安全管理流程。“3+3”安全管控模式是“三方管理”和“三个流程”的简称。业主班组执行“安全交底→机具检查→开工许可→旁站监理→短会协调”流程；业主安监执行“资质审查→安全教育→机具、方案排查→每日巡查→违章考核”流程；承包队伍执行“风险分析→安措编制→安措检查→开工交代→每日三查”流程（图1-6）。

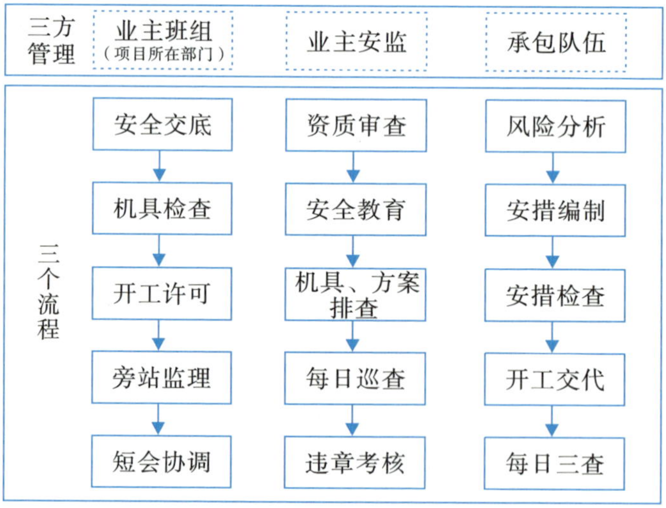

图1-6 “3+3”安全管控模式

2.“运行五册”

以“七化”管理体系为指导思想，把复杂的工作简单化、简单的工作流程化、流程的工作标准化。将日常运行管理主要划分为管理制度、日常工作、技术指导、岗位培训和图纸资料五个部分，编制、细化“运行五册”，对各部分内容进行具体量化和流程化，形成棉花滩水电公司特色的运行管理模式。通过“运行五册”的提炼编制，助推日常工作的有序开展，形成闭环，不断提升安全生产及管理水平（图1－7）。

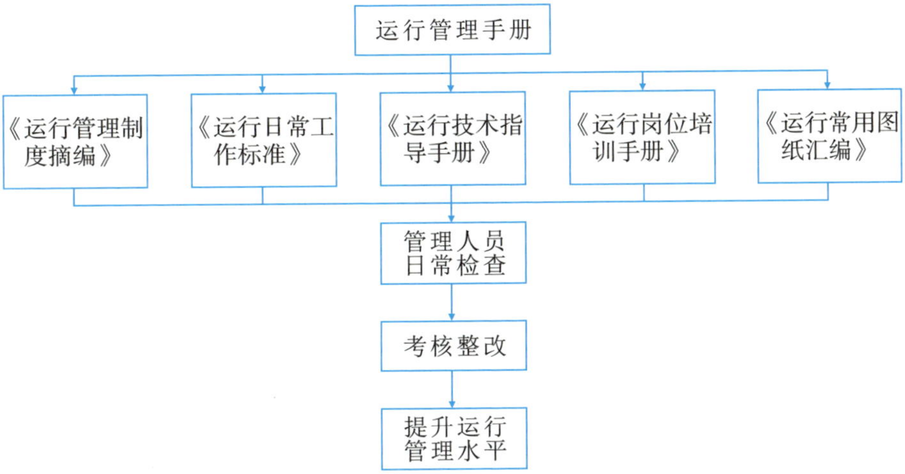

图1－7 “运行五册”

3．机组检修仿真系统

棉花滩水电公司结合实际情况，开展基于虚拟现实的水电机组综合仿真系统研究与开发，通过对水电厂生产过程与设备特征的建模，实现对水电厂生产过程与设备的检修仿真和运行仿真，为水电厂技术人员的培训、生产过程的决策提供全方位的辅助支持。棉花滩水电公司研发的150MW混流式水轮发电机组三维检修仿真系统是一套具有可扩展、可维护的B/S架构的仿真应用系统，内容涵盖工程概况、检修仿真、检修录像、仿真测试、标准化管理5个方面，检修仿真又包括三维可视化检修仿真、虚拟现实检修仿真、电气及辅助设备检修仿真3个模块。检修仿真主要是建立水电机组设备的物理特征模型，开发水电机组虚拟检修平台，提供基于任务的虚拟检修训练模式以及考核模式，实现对水电厂设备的检修与维护的过程预演，完成对水电厂设备的检修与维护人员的培训与技能考核（图1－8）。

4．机组检修标准化

棉花滩水电公司管辖棉花滩、白沙、南盘石3个水电厂共8台机组，

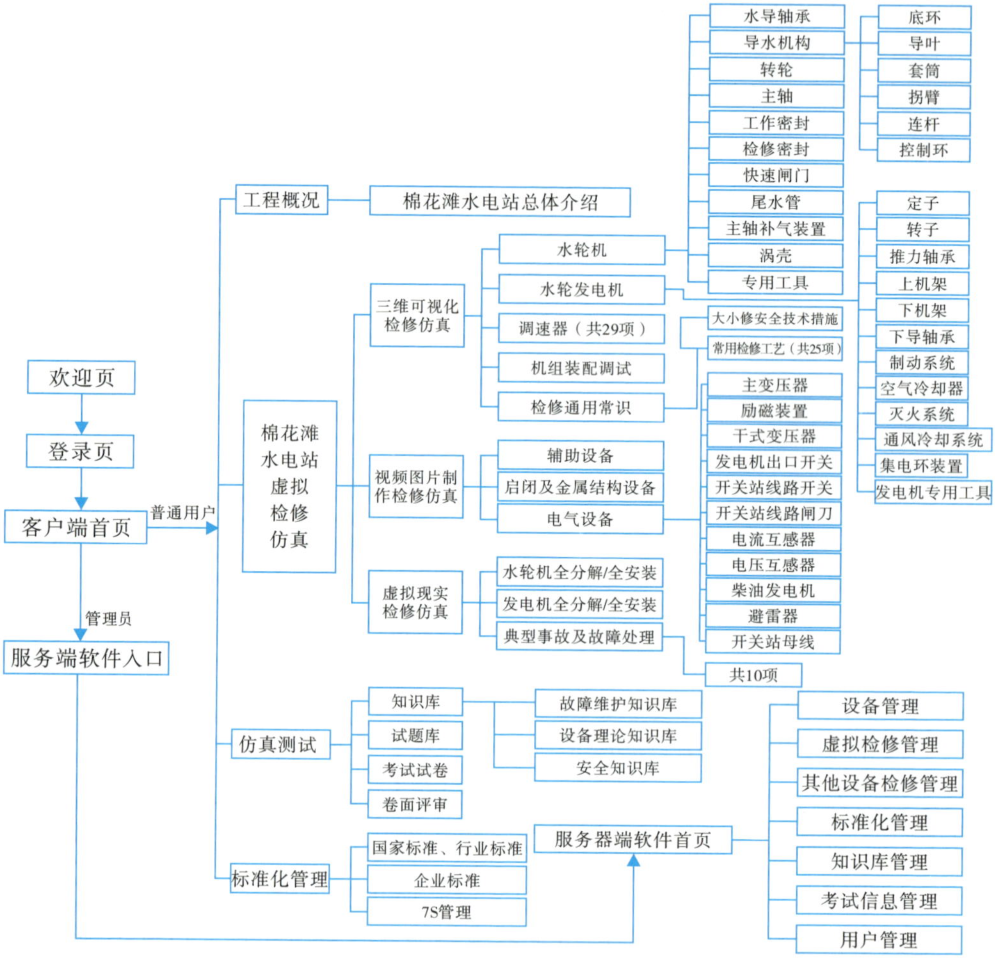

图 1－8　机组检修仿真系统

检修工作存在点多、面广、人少、任务重、时间跨度长等问题。为保证检修工作安全、高效、优质地完成，棉花滩水电公司从 2013 年开始，结合 7S 管理，对检修现场管理进行了有针对性的尝试与总结，摸索出一套行之有效的检修标准化管理办法，以实现从“分散、粗放式”的管理，向制度化、流程化、标准化、高效化的“各工序流程一体化”的精益管理模式转变，实现对检修全过程的管理，特别是对各重要节点的质量、流程进行控制，让检修参与人员明白做什么、何时做、怎么做，实现检修参与人员自我管理、自我控制，确保各项工作保质、保量、安全完成，有效提升机组检修现场的精益化管理水平。

棉花滩水电公司被华电集团确定为水电精益管理试点单位，承担了安全、运行和检修3个精益课题；完成棉花滩水电公司精益管理手册的编撰工作，累计13.5万字，并印刷成册，指导棉花滩水电公司精益管理工作的开展；华电集团在贵州省贵阳市举办水电新能源发电企业精益管理培训班，棉花滩水电公司作为四家经验分享单位之一，参加了三期的试点经验交流发布会，获得了参会人员的高度关注和肯定；组织参加福建公司举办的精益课题成果发布会，棉花滩水电公司在线盘车测量装置精益成果荣获三等奖。2019年又被福建公司确定为“检修实体化改革试点单位”。按照“边进行、边摸索、边总结”的“三边”原则，棉花滩水电公司与电力工程公司致力培养默契，梳理“过程问题+管理矛盾”，强化甲乙方质量和进度“双监督”，共同推进机组检修全优。棉花滩水电公司三厂以检修现场高标准执行的“站班会”规定动作、现场严格的规范管理、“红袖章”安全监督、7S每日专项检查、管理人员巡查为试点工作保驾护航。

棉花滩水电公司不断深化精益管理要求，开展精益管理特色活动，加大改革创新力度，通过常态化和持之以恒地开展精益管理，强化生产经营管理，消除各种浪费，总结固化好的经验并进行复制、推广和传承，形成完善的具有福建特色的精益管理体系。

第二部分

精益管理实施过程

第一章　精益管理推进实施

第一节　精益管理的推进思路

福建公司始终坚持目标引领、以问题为导向，围绕公司发展目标，贯彻落实新发展理念，深化供给侧结构性改革，落实“12363”精益管理工作思路，全面推进精益管理。

主要思路包括：坚持一个中心、贯彻两个落实、强调三个重点、围绕六个方面、铺开三个层面。

坚持一个中心：坚持安全这个中心，安全是企业生产的根本，所有精益管理活动都应在保证安全生产的基础上开展。

贯彻两个落实：区域做实——围绕“提升区域公司实体化运作能力和集约化管理水平”，使用精益管理工具和方法，在公司项目发展、经营管理、安全环保、党的建设、协调服务上做实；基层强基——基层企业通过开展精益管理工作，切实做到“安全生产稳、盈利能力强、主要指标优、环保形象佳、体制机制活、队伍建设好”。

强调三个重点：在精益管理的全过程中，强管理方面，进一步升华高效能管理工程，重点强调大力推进管理体系、管理能力的现代化发展；抓重点方面，围绕福建公司的发展目标，以大力推进改革三年行动为重点；补短板方面，紧盯发展过程中的短板和弱项，补齐制约公司高质量发展的短板。

围绕六个方面：紧紧围绕六个方面开展精益管理工作。安全管理方面，围绕“人、机、环、管”四个方面重点识别安全风险点，开展风险分级管控和隐患排查治理。检修管理方面，通过开展设备日常维护、缺陷监管、隐患治理等精益管理工作，强化检修管理，优化检修周期，降低维护成本。发电运行方面，着重从优化主辅机设备、人员培训、安全环保、节能降耗、辅助服务、运行方式调整及指标管理等方面开展持续改善，科学调度经济运行。物料物资方面，加强市场研判，科学调整库存，优化燃煤采购渠道和结构，实现降低采购成本和提升燃料管理水平；规范计划、采购、使用、仓储等流程，建立信息化管理模式，减少库存积压，提高管理效率。市场营销方面，建立运营报价中心、售电公司、发电企业“三位一体”的运营新体系，实行市场营销统一管理，即完善运营报价中心软硬件设施建设，开展区域集中统一报价，专业化精益管理，以适应快速、多变的电力现货市场；成立能源销售公司并实现实体化运营，有效巩固市场份额；积极保持市场电量份额，积极争取电量电价政策，拓展供电业务板块，做好新机组运营规划。人才培养方面，有效开展人才培养，持续优化人才结构，特别是培养一专多能型人才、复合型人才，让企业拥有一支高素质的员工队伍是企业可持续发展的重要课题。不断创新各类人才的培养选拔方式，是组建支撑公司战略发展的一流人才队伍的关键。

铺开三个层面：从班组损耗改善、公司（部门）精益课题开展、公司（部门）精益文化体系创建三个层面，持续推进提质增效、科学调度、经济运行等精益管理工作，促进公司生产经营管理效能提升。

第二节　精益管理的推进方案

结合华电集团精益管理“巩固提升阶段”目标，围绕福建公司的发展目标，制定精益管理推进方案，进一步提升精益管理水平。精益管理推进方案主要分为管理常态化阶段、巩固提升阶段、文化引领阶段。

一、管理常态化阶段

阶段目标：实现精益管理常态化，使精益管理理念和活动深入人心，使其成为一项日常工作项目。

工作内容：制定机制，形成体系，融入日常，拓展创新。

阶段总结：各基层单位对精益管理成果进行总结，总结精益常态化管理经验并交流。

二、巩固提升阶段

阶段目标：固化精益成果，形成有效、完备的精益体系。

工作内容：巩固提升，固化成果，分享成果，培养人才。

阶段总结：各基层单位对精益管理固化成果进行总结并分享。

三、文化引领阶段

阶段目标：完善机制，创建福建公司精益文化，引导员工准确把握精益管理理念和方法，让精益思想、精益方法、精益流程在公司内部落地生根，以文化引领精益发展。

工作内容：文化引导，突出特色，整合体系，有机结合，精益求精。

阶段总结：各基层单位形成各具特色的精益思维，展现精益文化。

第三节　精益管理的实施原则

以五个坚持为实施原则，深入推进精益管理的巩固提升，有效促进福建公司高质量发展。

一、坚持目标引领，精益管理稳步推进

围绕福建公司的发展目标，加强整体谋划和高位推动，把福建公司精益管理日常工作与推进公司高质量发展结合起来，注重精益管理的系统性、整体性和协同性，促进精益管理的巩固提升。

二、坚持问题导向，精益管理精准发力

紧盯日常生产和管理工作的短板和弱项，从关键工序、关键流程和关键岗位的薄弱环节出发，用精益管理的理念和方法，发现与企业发展和经济效益不相适应的问题，精准发力、持续发力、重点突破，提升企业安全效益和经济效益。

三、坚持全员参与，精益管理全面铺开

精益管理必须培养全体员工运用精益管理的思维方法，实现生产效率的持续提高、指标管理的持续改善。做好宣传、强化培训、善于听取员工的意见和建议，充分发挥全体员工参与的积极性，做到精益管理全面铺开，使管理水平更上一个台阶。

四、坚持常态管理，构建精益长效机制

精益管理是一项持续改善的系统工程，涉及企业的方方面面。精益管理的实施，应避免短期行为，要牢固树立实施精益管理的长效性思维，构建长效机制，突出在“事”的改善中实现“人”的成长。

五、坚持传承创新，助力企业新发展

在传承以往对标、星级企业创建、7S、标准化等一系列管理经验的同时，展现精益管理优化与升级的一面，因企制宜、因企施策，大胆探索新思路和新方式，并将各单位的精益成果大力推广，助力福建公司新发展。

第二章　精益管理长效机制

福建公司根据华电集团的指示全面推行精益管理实施方案，利用3年左右的时间，分“专项试点、全面推广、巩固提升”三个阶段完成精益管理在集团、区域公司和基层企业的导入和推行。福建公司按照“一中心、二落实、三重点、六方面、三层面”的“12363”精益管理思路全面、有序推进精益管理各项工作，从2017年火电和水电第一家试点推行开始，至2018年福建实现火电、水电、新能源全面推进和均衡发展。2018年公司将深入推进精益管理列为“四大工程”之一“高效能管理提升工程”的重要内容，加强对标引领，严格指标绩效考核，制定长效机制管理办法，推进全员参与、全员改善，巩固和完善精益体系，提炼精益思维、形成精益文化。

福建公司从基层“强基”、区域“做实”两个维度实现精益管理“常态化”，建立精益管理长效机制。

一、“四立”强基打造长效机制

（1）立基点。把精益管理融入福建公司“四大工程”之一——“高效能管理提升工程”。通过推行提质增效、开展劳动竞赛，推进全员参与、全员改善，充分发挥基层能动性，把精益管理价值思维融入企业生产经营中，养成精益习惯，求新求变，持续改善，降本增效。

（2）立标准。2017年以来，福建公司通过总结、提炼精益管理成果和经验，固化、形成标准制度1000多项，企业“强基”能力得到进一步提升，确保了精益管理全面、有序、长效开展。

（3）立人才。各基层单位通过组建精益管理督导师团队，用“引进来，走出去”的方式打造督导师团队，培养人才，建立内训体系。2017年以来，各基层单位开展精益管理培训110次，认证督导师111人，打造督导师团队21个。实现全员培训，确保精益管理持续深入开展。

（4）立文化。各基层企业根据自身精益管理经验，总结提升，提炼精益管理理念，打造各具特色的精益管理文化，引导精益管理开展形成习惯。如可门发电公司的“五经、四位、三全、二重、一体”的精益管理经验，永安发电公司的“3+3”精益管理思路，棉花滩水电公司的“七化”管理体系和精益方法体系，华安水电厂的“红旗文化”“1351”精益管理思路，金湖电力公司的“1234”精益管理思路，福清风电公司的“福风”精益管理品牌等。

二、“五常”做实常态管理

（1）常报告。以精益管理月报、劳动竞赛月报、年度总结报告等形式督促落实精益管理工作，并将开展情况纳入考核，形成公司精益管理常态化模式。

（2）常交流。结合安全生产视频会、季度生产会商会等交流、汇报精益管理推进情况，提供平台供各单位展示、分享精益管理成果和经验，取长补短、互相促进，形成你追我赶的推进氛围。

（3）常培训。内外联动开展培训工作，外部邀请专业咨询公司开展专项授课，提高7S管理及精益管理参与人员的理论水平；内部由公司系统内优秀督导师进行实战经验分享，提升实战能力。

2018—2020年保持每年至少举办一次区域层面的培训班，从领导层培训抓起，从上至下使精益管理文化理念落地生根，使精益管理深入人心。

（4）常宣传。联合党建工作部及工会办，做好7S管理及精益管理的宣传报道工作，宣传内容包括发布会评比情况、7S管理及精益管理工作心得、7S管理及精益管理积极分子或优秀人员等；交流跨平台，建立7S管理及精益管理微信公众号，定期发布推文，分享7S管理及精益管理工作经验、展示成果等；建立微信交流群，由各单位7S管理及精益管理负责人参加，交流工作中的得失。

（5）常竞技。2017—2019年福建公司连续3年成功举办精益成果发布会，福建公司系统25家基层单位，72项改善成果好、经济效益高的优质课题参赛，评选出44项优秀课题，火、水、风、光同台竞技、百花齐放，精益管理理念、精益思维、精益文化已在福建公司深深扎根，并将不断绽放。

第三部分

精益管理实践优秀案例展示

安全管理篇

随着经济的发展，近几年我国供给侧结构性改革和电力市场化改革快速推进，社会对电力的需求不断增加。因此，电力企业的安全、可靠运行具有重要意义。但是当前阶段安全管理工作还存在一些问题，如单位全员安全生产责任制落实不到位，“两外”人员违章情况屡禁不止，设备安全还存在隐患，习惯性违章行为仍难根绝，“两票”执行仍存在问题等。因此，唯有推行安全精益管理，提高人员素质，提升设备健康水平，全面推进福建公司本质安全型企业建设，全面落实“人、机、环、管”安全要求，建立、健全、实施、保持和改进福建公司所属各单位本质安全管理体系，建立健全自我约束、持续改进的内生机制，使不安全事件数量逐年下降，最终实现“人员无违章、设备无缺陷、环境无隐患、管理无漏洞”，达到安全生产可控、能控、在控，实现安全管控体系现代化、标准化、科学化、法制化，企业才能在激烈的市场竞争中生存、发展。

第一章　发电企业安全管理概述

第一节　安全管理现状

一、安全生产的管理意识不强

随着社会经济的发展，福建省用电量逐渐增加，电力企业的安全生产问题得到了一定的重视，国家出台了相关的规章制度来加强电力企业的安全管理意识，但是大大小小的电力安全事故仍时常发生。导致这一现象的原因主要是电力企业的安全管理意识不强，对安全生产监管不严，例如在工作中部分员工工作态度不端正，常常会发生错误或者是进行违规操作，增加了电力企业在安全生产工作中的不安全因素。

二、安全生产的监管不严

当前，国家对电力企业生产安全的管理意识有了明显的提高。但是，电力企业只有相对完善的安全生产规章制度，而没有十分健全、完善的监管制度，致使电力企业在生产工作中安全问题时有发生。电力企业对生产工作缺乏有效的监管，无法减少在生产工作中存在的问题，出现的问题无法得到很好的解决，增加了不安全事件的发生率。

三、生产设备健康水平不足

电力企业的正常运行，需要使用大量的机械设备，这些机械设备同样关乎电力企业的安全。机械设备发生的问题不能及时被发现并解决，会威胁工作人员的生命安全。同时，工作人员自身的问题也会增加不安全事件的发生率，给电力企业的安全运行带来不利影响。

四、人员综合素质低

在工作中，人员综合素质往往发挥着最重要的作用。电力生产工作作为一项高风险的工作，对工作人员的综合素质要求较高，尤其是安全意识，如果工作人员不满足拥有较高的综合素质这一要求的话，会给电力企业的生产工作带来严重的后果。在电力企业的生产工作中，高危操作往往都是由那些专业技术水平不高的外委人员来完成的，这样虽然降低了电力企业的生产成本，但是由于外委人员知识水平以及综合素质并不高，反而增加了生产工作中的安全隐患，引发不安全事件。

第二节　安全精益管理要求

安全精益管理应坚持“预防为主、源头管控、依法治理、系统建设、整体协同、齐抓共管、典型引领、创新驱动”原则。

必须将“全员尽责、防治并举、绿色友好”“一切风险皆可管控、一切事故皆可预防、一切隐患皆可消除”的理念贯穿安全生产全过程。

第二章　发电企业安全精益管理实施路径

第一节　安全精益管理诊断分析

安全精益管理首先要从零缺陷、零事故、零差错、零延误方面引入，必须从科学、系统、创新方法上进行再认识，在思想、行动上形成统一，不断修正安全管理的工作思维，寻找安全管理中存在的突出问题和薄弱环节，重点培养新的安全精益管理思维，使整体安全在意识上形成相互依托、上下关注、人人互保、环环相扣的安全管控体系，实现有效的安全精益管理。

通过开展安全精益管理诊断分析，福建公司目前主要存在以下问题：

一是责任落实还存在差距。个别单位主要负责人对安全生产工作重视程度不够，把安全生产视为生产部门的工作，平时较少过问安全生产工作。个别单位设备“双主人制”落实得还不到位，存在“两张皮”现象。个别单位全员安全生产责任制落实还存在不足，保证体系和监督体系的界限没有划清。

二是“两外”人员管理还存在差距。“两外”人员安全培训流于形式，在督查中甚至发现几张签名不同的考卷都是同一种笔迹。“两外”人身意外险投保不足，有的项目建设单位“两外”人身意外险仅投保30余万元。“两外”人员入口把关不严，督查发现有近70岁的老人还在工地劳作。“两外”人员违章情况严重，屡查屡犯，屡禁不止。个别企业主要负责人对反“两外”人员违章工作认识不足，有畏难和抵触情绪。

三是设备安全还存在差距。如对厦门分布式燃机定检时发现燃机TMF

支撑外衬存在裂纹、周宁电站2号机组转子磁轭出现裂纹、峡阳电站转子支架变形、福清风电华创风机叶片断裂等问题，暴露出了福建公司所属各单位系统设备安全仍存在差距。

四是现场监管还存在差距。“看惯了、干惯了、习惯了”的习惯性思维在作业现场仍然存在，导致习惯性违章行为难以根绝；“两票”执行存在严重问题而不自知，反映了“两票”监管流于形式；作业性、装置性违章行为仍时有发生，反映了作业现场反违章工作偏松、偏软。

第二节　安全精益管理体系构建

根据《中华人民共和国安全生产法》《中共中央　国务院关于推进安全生产领域改革发展的意见》及《中国华电集团有限公司本质安全型企业建设管理办法》等法律法规、上级规定、文件要求等，构建福建公司所属各单位安全精益管理体系，适用于福建公司所属各单位本质安全管理体系建设及监督管理。历任福建公司领导立足实际，遵循安全精益管理理念，从强化员工安全意识入手，全面推进设备整治工作，坚持安全文化来源于实际，落地于现场和生产一线的原则，通过总结提炼和PDCA循环改善，形成了福建公司“鼎”安全文化，用“鼎”作为安全文化的象征，以“员工优秀、设备健康、环境和谐、管理精细”作为四足，共同承托长治久安的安全目标。

一、安全文化主题：铸牢四足、问鼎安全

鼎，在中国古代被视为立国重器，传国之宝。福建公司用“鼎”作为安全文化的象征，就是将安全置于“高于一切、先于一切、重于一切”的地位，坚持安全发展，全面落实“人、机、环、管”（“鼎”之四足）安全要求，推进本质安全型企业建设。

（一）鼎足一：员工优秀

员工在安全生产中处于先决性、基础性地位，建设本质安全型企业的

首要任务就是提升员工的综合素质。

（1）抓好“员工培训”，推进“人才培养”。全面开展员工培训，提高员工专业素质；推行首席工程师、首席技师制度，建立专业技术人才库。持续推进“3+3”（3年为一个轮训周期+管理人才、专业技术人才、技能人才3支人才队伍）全员轮训和“三比三促”（比技术、比能力、比业绩，促进员工岗位练兵、促进员工素质提升、促进员工成长成才）技术比武，打造高水平的专业技术队伍与技能队伍。

（2）倡导“两不理念”，做好“行为管控”。倡导“不安全不工作，不安全不让工作”的工作理念，总结提炼标准作业流程。严格执行《电力安全工作规程》，运用“两票三制”及危险点分析预控，开展全员全过程作业风险分级管控，做好事故防范。

（二）鼎足二：设备健康

设备是安全的物质基础。提高设备可靠性，加强设备全过程管理，是确保设备安全、稳定运行的保障。

（1）加强“缺陷管理”，深化“安全评价”。应用缺陷在线管理平台，统计、跟踪、分析缺陷和隐患信息，全力掌控重要设备缺陷和隐患状况。对生产管理、安全管理、劳动安全与作业环境进行全面安全性评价，及时发现问题，分析问题，解决问题，做好闭环管理。

（2）推行“状态监测”，实现“标准检修”。以试点先行、逐步推广原则，推进状态监测系统建设，实现设备运行指标实时监测与分析，及时发现并处理设备异常情况。加强检修作业全过程管理，严格执行检修安全措施、技术措施和组织措施，严格执行检修文件包、机组A级检修标准化管理流程及精密检修等措施，实现机组标准化检修。

（三）鼎足三：环境和谐

人造环境，环境育人，遵守《中华人民共和国环境保护法》，倡导绿色生产，保护和改善生产和生态环境。

（1）提升“7S管理”水平，美化“作业环境”。全面推行以“整理、整顿、清扫、清洁、素养、安全、节约”为内容的7S管理，对照《火力发电企业生产安全设施配置标准》，巩固、完善7S管理成果。不断提升7S

管理的深度和广度，确保 7S 管理制度化、规范化，促进设备状态和现场环境明显改善。

（2）落实“环保改造”，促进“环境整治”。加强水电流域生态环境保护，保证最小生态流量；有序实施火电机组除尘、脱硫、脱硝项目改造；加强环保设备的运行维护，提高环保设备的投入率；落实主要污染物总量减排计划，组织、指导、协调所属企业开展节能环保工作，营造和谐生产环境。

（四）鼎足四：管理精细

细节决定成败，积极推行精细化管理，持续优化、改进安全生产管理工作。

（1）健全“制度体系”，履行“主体责任”。健全安全生产管理体系、责任体系和监督考核体系，按企业安全生产责任体系“五落实、五到位”规定，做到安全生产、安全投入、安全培训、安全管理及应急救援到位，有力保证公司规范生产、安全生产。

（2）实施“远程监控”，致力于“管理创新”。坚持“统筹规划、试点先行、稳步推进”原则，加快建设火电远程监控及水电与新能源企业远程集控，使发电企业实现先进、可靠、经济运行。持续开展创建安全生产星级企业、总经理特巡等工作，发挥“安全思考室”作用，严格执行不安全事件“四不放过”和“说清楚”制度。

二、人员要素安全管理

（一）组织机构

（1）安全生产委员会有效运作；

（2）安全生产保证和监督体系、机构健全；

（3）安全生产委员会会议、月度安全分析会、安全网例会召开率 100%；

（4）安全生产责任体系做到“五落实、五到位”。

（二）安全生产责任制

（1）各级、各岗位责任制覆盖率 100%；

（2）责任制修订完善及时率 100%；

（3）各岗位履职尽责率 100%。

（三）人员配备和准入

（1）生产准备人员及时到岗率 100%；

（2）安全生产人员配备率 100%；

（3）进入生产现场人员 100% 经过授权；

（4）人员进出重要场所 100% 执行许可。

（四）教育培训

（1）安全生产从业人员培训率 100%、合格率 100%；

（2）持证上岗率 100%；

（3）培训计划完成率 100%。

（五）安全工器具和个体防护

（1）安全工器具配备齐全率 100%、完好率 100%、及时检验率 100%；

（2）劳动防护用品配备齐全率 100%、完好率 100%、及时检验率 100%；

（3）现场作业人员劳动防护用品佩戴正确率 100%；

（4）安全工器具使用正确率 100%。

（六）现场作业

（1）现场作业风险辨识和分级管控措施制定及落实率 100%；

（2）不发生作业性违章、管理性违章、指挥性违章、装置性违章、违反劳动纪律的情况；

（3）人员做到“四不伤害”。

三、设备要素安全管理

（一）设备设施

（1）保护和安全自动装置配置齐全，符合要求，投用可靠；

（2）安全设施齐全，功能达到设计要求；

（3）通过安全设施及职业病防护设施“三同时”验收；
（4）无装置性违章；
（5）安评发现问题整改率100%（设备设施部分）；
（6）实现设备“无缺陷”、机组“零非停”；
（7）主设备无超期服役。

（二）技术监督

（1）技术监督工作开展率100%；
（2）不发生技术监督不到位导致的责任事故。

（三）反事故措施

（1）反事故措施落实率100%；
（2）同类事故不重复发生。

（四）防误操作（闭锁）装置

（1）防误操作（闭锁）装置配置齐全，投入率100%；
（2）不发生误操作事故。

（五）特种设备类

（1）特种设备使用前验收合格率100%；
（2）特种设备管理、作业人员持证上岗率100%；
（3）特种设备的安全技术性能状态满足技术规范要求；
（4）设备评估计划完成率100%。

（六）工器（机）具

（1）各类工器（机）具检验合格率100%；
（2）不发生因工器（机）具原因造成的事故。

（七）脚手架安全

（1）脚手架现场验收合格率100%；
（2）不发生因脚手架原因造成的事故。

（八）仓储管理

不发生仓储事故。

（九）水电厂大坝（火电厂灰坝）

（1）水电厂大坝（火电厂灰坝）安全等级评定为正常坝；

（2）水电厂大坝注册等级为甲级；

（3）不发生漫坝、垮坝、溃坝。

四、环境要素安全管理

（一）作业环境

（1）不发生因作业环境缺陷导致的事故；

（2）作业环境中无装置性违章。

（二）建（构）筑物

（1）建（构）筑物之间的安全距离符合规范要求；

（2）建（构）筑物防火、抗震等级符合规范要求；

（3）建（构）筑物结构不存在重大变形、沉降、位移、钢结构锈蚀严重，装饰板、外墙无脱落等伤人缺陷和隐患；

（4）建（构）筑物防雷设施完善。

（三）安全设施

（1）安全设施配置齐全，符合规范；

（2）安全设施完好率100%。

（四）7S管理

（1）7S安全目视化管理覆盖率100%；

（2）生产现场设备设施、工器（机）具、环境达到7S管理要求。

（五）职业健康

（1）不发生职业病例；

（2）工作场所职业病危害因素可控且受控。

（六）防灾减灾（安全度汛）

（1）实现防灾减灾工作目标；

（2）不发生因预见、防范工作不力导致的自然灾害事故；

(3) 超设计强度灾害发生时，最大限度降低损失。

五、管理要素安全管理

(一) 安全目标

完成与上级签订的年度安全生产目标、任务。

(二) 安全投入

(1) 不发生因安全投入不足导致的事故；

(2) 隐患治理资金投入及时、到位；

(3) 安全费用按照要求足额提取、使用。

(三) 规章制度体系

(1) 安全生产规章制度覆盖率 100%；

(2) 安全生产规章制度及时修订更新率 100%。

(四) “两票”管理

(1) “两票”使用率 100%，杜绝无票作业；

(2) “两票”合格率 100%；

(3) 安全措施执行率 100%。

(五) 外委工程和外协用工（含基建、小型技改）安全管理

(1) 不发生外委工程事故和外协用工（含基建、小型技改）人身事故；

(2) 承包方资质合格率 100%；

(3) 外协用工安全培训率 100%；

(4) 合同签订率 100%，安全协议签订率 100%。

(六) 两措计划管理

(1) 不发生因两措计划落实不到位导致的人身事故、设备事故；

(2) 两措计划完成率 100%。

(七) 反违章管理

实现无违章。

（八）危化品、辐（放）射源管理

（1）不发生危化品及辐（放）射源事故；

（2）作业人员持证上岗率100%；

（3）安全防护设备、设施配备齐全，完好率100%。

（九）重大危险源（液氨）管理

（1）重大危险源无隐患；

（2）重大危险源评估及时率100%；

（3）重大危险源备案率100%；

（4）作业人员持证上岗率100%。

（十）风险管控

（1）安全风险辨识全覆盖；

（2）安全风险评估准确，实现分级管控。

（十一）隐患排查和治理

（1）隐患排查全覆盖；

（2）隐患整改率100%。

（十二）安全生产标准化

（1）安全生产达标率100%；

（2）评级级别实现持续改进。

（十三）班组安全管理

（1）达到本质安全型班组标准要求；

（2）班组不发生异常；

（3）员工无违章。

（十四）安全文化建设

（1）形成企业安全文化，实现文化管理；

（2）实现安全生产独立自主管理和互助团队管理；

（3）安全文化内化于心、外化于行、固化于制。

（十五）交通安全

（1）不发生负同等及以上责任的交通事故；

（2）公车驾驶员企业“准驾证”持有率100%。

（十六）消防安全

（1）不发生火灾、爆炸等消防安全事故；

（2）全员消防安全教育培训合格率100%；

（3）消防设施、器材完好率100%；

（4）通过消防设施“三同时”验收。

（十七）治安保卫（反恐怖防范）

（1）不发生电力设施破坏事件；

（2）不发生治安事件；

（3）反恐怖防范设施完好率100%。

（十八）应急管理

（1）应急预案全覆盖；

（2）应急能力符合规范要求。

（十九）安全信息报送

信息报送及时率、准确率100%。

（二十）不安全事件（事故）管理

不安全事件“四不放过”率100%。

第三节　安全精益管理对策实施

一、体系建立

各单位应按照福建公司本质安全管理体系要求，结合本单位现场及管理实际，完善相关制度，落实责任、投入、监督、考核、文化等安全工作，各管理要素应符合上级管理体系要求。

鼓励各单位根据实际，构建具有本单位特色的本质安全管理体系。

二、体系实施运行

在各单位工作的生产承包方、外协队伍，应纳入本质安全管理体系。

三、体系纠偏和持续改进

（1）福建公司每两年组织一次本质安全管理体系自我审核纠偏工作，以验证本质安全管理体系的适宜性、充分性和有效性。

（2）发生一般事故或其他严重安全生产事故后，应在2个月内开展本质安全管理体系审核和完善工作。

（3）对于发现的问题，制定并落实整改措施。

第三章　安全精益管理实践应用

【案例 3-1】降低“两外”安全事故风险

一、课题背景

（一）背景

（1）随着现代发电企业管理模式向少人运维机制改进，越来越多的发电企业因未配备检修队伍而将检修、技改项目外委，由于外委队伍以盈利为最终目的，施工人员通常为临时招募的人员，安全素质总体偏低，造成作业过程中“人、机、环、管”安全隐患较突出。

（2）2018 年 12 月华电集团印发《中国华电集团有限公司外委工程与外协用工安全管理办法》、2020 年 5 月 19 日下发《关于深刻吸取教训强化两外等重点安全监管工作的通知》，对“外委工程”和“外协用工”进一步加强和规范管理。

（二）实施思路

在当前的电力生产背景和安全生产形势下，需要对“两外”安全事故风险进行诊断分析，找出存在的问题，然后运用精益管理工具，找准改善点，制订计划并组织实施，从而降低“两外”安全事故风险。

二、现状诊断

（1）分析网上公开的自 2020 年以来发生的 9 起电力行业安全生产事故信息，9 起事故全部为“两外”人身伤亡事故。

（2）2019 年，在棉花滩水电公司的各类检查中，“两外”安全管理类问题条数及问题清单详见表3-1和表3-2。

表3-1　2019年棉花滩水电公司各类检查中“两外”安全管理类问题条数

序号	检查名称	存在问题数目/条	“两外”管理问题数目/条
1	2019年春节前安全检查和消防、交通专项安全检查	28	0
2	2019年“五一”节前安全检查	10	0
3	2019年春季安全大检查	28	7
4	2019年“安全月”安全生产大检查	17	5
5	2019年安全性评价自查评	32	0
6	2019年秋季安全大检查	26	0

表3-2　2019年棉花滩水电公司各类检查中“两外”安全管理类问题清单

序号	存在问题	检查名称	类型
1	3号空调机室内脚手架不符合规范要求，没有合格证	2019年春季安全大检查	管理类
2	副厂房通风空调系统改造现场使用排插，可能存在未按一机一闸一保护设置的情况	2019年春季安全大检查	管理类
3	副厂房通风空调系统改造现场货架上一台电锯没有合格证	2019年春季安全大检查	管理类
4	副厂房通风空调系统改造现场有两条半身安全带没有合格证	2019年春季安全大检查	管理类
5	3号空调机室一台移动式切割机没有接地线	2019年春季安全大检查	作业类
6	棉花滩风管改造外用工未随身佩戴安全上岗证，安全上岗证统一放在资料盒中不符合要求	2019年春季安全大检查	人员类
7	事务员手续不完善（劳务合同、责任状、健康证明、保险等文件未提交）	2019年春季安全大检查	管理类

（续表）

序号	存在问题	检查名称	类型
8	6 月 27 日厂房 4 号通风空调机室风管改造时，一外委人员电焊时右手未戴电焊手套	2019 年“安全月”安全生产大检查	作业类
9	6 月 19 日副厂房风管改造项目中，一名外委工未考勤进入现场参加工作	2019 年“安全月”安全生产大检查	管理类
10	物业管理等长协承包单位未建立年度安全教育培训计划	2019 年“安全月”安全生产大检查	管理类
11	物业管理等长协承包单位未完成年度安全教育考试	2019 年“安全月”安全生产大检查	管理类
12	棉花滩电厂出线场边坡支护项目中四名外委工未佩戴安全上岗证	2019 年“安全月”安全生产大检查	人员类

三、诊断结果

根据上述诊断结果得出以下结论：

（1）电力行业的安全生产事故中，“两外”安全事故风险最高。

（2）棉花滩水电公司“两外”安全管理依然存在需要改善的环节。

四、原因分析及改善对策

（一）原因分析

（1）分析得出电力行业“两外”安全事故风险居高不下的要因：

①外委施工人员安全意识淡薄；

②外委施工人员安全技能不足；

③各责任方对管理流程的熟悉程度不同；

④安全交底不到位；

⑤施工机具不合格、使用不当等。

（2）分析棉花滩水电公司“两外”安全管理风险存在的要因：

①“两外”人员安全意识淡薄；

②施工机具进场验收不严；

③现场安全监督不到位等。

（二）改善对策

针对以上原因，我们制定了改善对策表（表3-3）。

表3-3　改善对策表

序号	改善点	实施措施	责任部门
1	施工机具进场验收不严	强化“两外”安全问题源头治理	安环部、各电厂、发电调度中心
2	“两外”人员安全意识淡薄	严格落实“两外”安全责任	安环部、生技部、各电厂、发电调度中心
3	未将劳务分包人员纳入统一管理	强化“两外”全过程安全管理	安环部、各电厂、水工水务部
4	现场安全监督不到位	加强作业现场监督管理	安环部、各电厂、发电调度中心
5	外委项目各方对管理流程的熟悉程度不同	加强“两外”安全基础管理	安环部、各电厂、发电调度中心

五、实施改善

制定出改善对策表的下一步就是将其落到实处。

（一）过程说明

1．强化“两外”安全问题源头治理

（1）坚决杜绝外委超低价中标危及作业安全，合理确定项目工程造价预算，明确外协用工的保险额度应不得低于工伤保险的赔付额度，并建议在90万元以上。

（2）项目负责部门严格办理开工手续，对承包单位人员、机具认真复核，严格施工人员入厂（场）、机具入场管理，所有外委项目应执行工作票制度。

2. 严格落实“两外”安全责任

（1）将“两外”安全管理纳入本企业安全管控体系，进行“四统一”（统一标准、统一要求、统一培训、统一奖惩）管理。

（2）细化“两外”安全管理各环节的工作流程和措施要求，严格落实、检查和奖惩。

3. 强化“两外”全过程安全管理

（1）精细化“两外”安全管理制度。

继续运用“两外”“3+3”安全管控模式，实现“两外”管理“流程化、清单化、标准化”（表3-4）。

表3-4　外包工程安全管理项目（承包队伍）执行情况自查表

<table>
<tr><td colspan="2">外包工程名称</td><td colspan="4"></td></tr>
<tr><td colspan="2">外包工程队伍</td><td colspan="4"></td></tr>
<tr><td colspan="2">工程开工日期</td><td>年　月　日</td><td>工程完工日期</td><td colspan="2">年　月　日</td></tr>
<tr><td colspan="2">项目所在厂区（地点）</td><td></td><td>项目负责部门</td><td colspan="2"></td></tr>
<tr><td>执行流程</td><td colspan="3">执行内容</td><td>执行情况</td><td>检查人</td></tr>
<tr><td rowspan="2">一、风险分析</td><td colspan="3">1. 承包队伍会同业主方技术人员到作业场所实地视察，接受业主方的安全技术交底，针对人身和设备安全进行风险因素分析</td><td></td><td></td></tr>
<tr><td colspan="3">2. 针对各类风险因素拟定相应的安全防范、应急措施</td><td></td><td></td></tr>
<tr><td rowspan="2">二、安措编制</td><td colspan="3">1. 对有危险性的作业，承包方应结合实际情况编制安全施工技术方案，经技术负责人批准后，交由业主方技术、安监人员审核和分管领导批准实施</td><td></td><td></td></tr>
<tr><td colspan="3">2. 安全施工技术方案必须有人员组织安排（明确项目经理或施工负责人、安全员、特种作业人员名单）、危险点分析，保证人身和设备安全的控制措施等内容</td><td></td><td></td></tr>
</table>

（续表）

执行流程	执行内容	执行情况	检查人
三、安措检查	1. 机组大修前将各类危险点分析和相应的控制措施上墙示例，有利于施工人员熟悉危险点和采取控制措施		
	2. 开工前应对现场布置的各项安全措施、施工机器进行全面检查、核对，要求可提前布置的检修自理安全措施应在开工前布置		
四、开工交代	1. 每天开工前，项目经理召集全体施工人员参加开工会，检查施工人员精神状态，进行安全交代		
	2. 工作负责人或作业面负责人点评前一天工作班组成员安全作业、遵章违章情况，告知当天工作任务，进行安全技术、关键部位和环节交代等		
	3. 工作负责人组织作业人员在作业现场进行作业“安全双述”并录音		
五、安全自查	1. 每天开工前，工作负责人或作业面负责人应检查现场布置的孔洞、围栏等安全措施是否发生移位，是否牢靠		
	2. 每天收工时，工作负责人或作业面负责人对管辖作业面进行全面清理、检查，符合大修现场“7S”目视化管理要求，消除安全隐患，做到“工完料尽场地清”		
	3. 每天收工时，承包方安全员要对检修现场走场检查一遍，检查现场是否存在火种，电动工具是否断电等安全情况，并在每天开工会上通报检查情况		

注：在外包工程安全管理中，承包队伍项目经理（施工负责人）或安全员根据此表对全过程进行自查、记录、存档。

（2）严格实行“全过程”管理。

编制“检修现场安全文明（含危险性）作业项目检查表”和“高危作业类型（项目）清单”。“检修现场安全文明（含危险性）作业项目检查表”内容涵盖文明生产、定置管理、工器具使用、临时用电、动火作业、起重作业、高处作业、搭拆和使用脚手架作业、限制空间作业等9种施工作业现场安全检查项目和引用依据。该检查表可以应用于现场安全检查、高危作业前安全交代、生产人员安全培训等多种场合，有效促进了施工作业现场安全文明生产。“高危作业类型（项目）清单”明确了高处临边作业、带电作业、带压作业、起重作业、一级动火作业、限制空间作业项目类型，项目负责班组依据该清单严格进行高危作业旁站监护，确保现场作业安全可控、在控（表3－5）。

（3）严格执行全过程监护制度。高危项目应使用安全管控平台实现远程视频监督管理。

表3－5　棉花滩水电公司高危作业类型（项目）清单

序号	高危作业类型（项目）	地点
一	高处临边作业	
1	凡在坠落高度基准面2米及以上有可能发生人员坠落的高处作业	公司范围
2	在坝顶、陡坡、屋顶、建筑物外墙、悬崖、杆塔等危险边沿进行的作业	公司范围
3	在厂房边坡作业、在坝面除草和维护等危险边坡作业	公司各厂
4	在因工作需要而临时拆下固定防护栏杆或掀开孔洞盖板（但已加装临时防护措施）而形成的孔洞边沿作业	公司范围
5	扣件式钢管脚手架、定置检修平台、自拆卸式轻型脚手架搭拆作业	公司范围
二	带电作业	
1	在低压带电设备上进行的带电消缺作业（本公司不进行高压带电作业）	公司范围
2	在带电设备外壳上进行的清扫、维护作业	公司范围

（续表）

序号	高危作业类型（项目）	地点
3	在转动着的电机上进行的调整、清扫电刷及滑环作业	公司各厂
三	起重作业	
1	起重量大于 10 吨的起重作业	公司范围
2	起重机满负荷起吊	公司范围
3	两台及以上起重机抬吊作业	公司范围
4	移动式起重机在高压线下方或高压设备附近作业	公司各厂
5	起重机起吊危险品	公司各厂

4. 加强作业现场监督管理

（1）对重大施工、危险项目成立安全巡查组，每日开展安全巡查、登记问题和整改反馈等现场监督管理工作（其他外委项目执行走动式巡查、记录）（图 3－1、图 3－2）。

图 3－1 “两外”现场监督管理

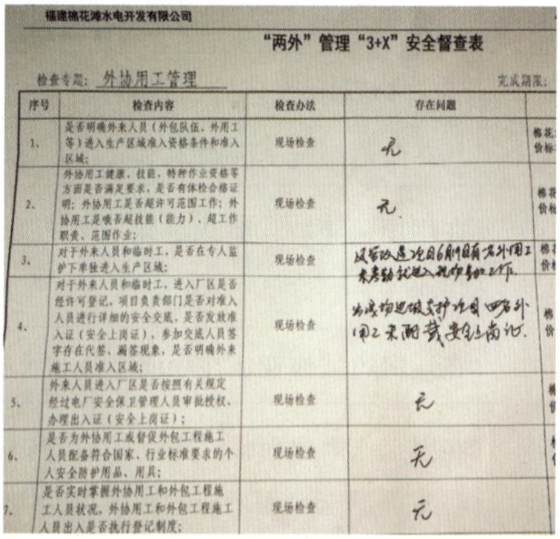

福建棉花滩水电开发有限公司

“两外”管理“3+X”安全督查表

检查专题：外协用工管理　　完成期限：

序号	检查内容	检查办法	存在问题
1.	是否明确外来人员（外包队伍、外用工等）进入生产区域准入资格条件和准入区域；	现场检查	无
2.	外协用工健康、技能、特种作业资格等方面是否满足要求，是否有体检合格证明；外协用工是否超许可范围工作；外协用工是否超技能（能力）、超工作职责、范围作业；	现场检查	无
3.	对于外来人员和临时工，是否在专人监护下单独进入生产区域；	现场检查	[illegible]
4.	对于外来人员和临时工，进入厂区是否经许可登记，项目负责部门是否对准入人员进行详细的安全交底，是否发放准入证（安全上岗证），参加交底人员签字存在代签、漏签现象，是否明确外来施工人员准入区域；	现场检查	[illegible]
5.	外来人员进入厂区是否按照有关规定经过电厂安全保卫管理人员审批授权，办理出入证（安全上岗证）；	现场检查	无
6.	是否为外协用工或督促外包工程施工人员配备符合国家、行业标准要求的个人安全防护用品、用具；	现场检查	无
7.	是否实时掌握外协用工和外包工程施工人员状况，外协用工和外包工程施工人员出入是否执行登记制度；	现场检查	无

图 3－2 “两外”管理“3＋x”安全督查表图示

（2）严格施工人员入厂（场）、机具入厂（场）管理，运用“互联网＋”安全管控平台、生产现场视频监控等设备开展远程视频监督和安全信息管理（图 3－3）。

图 3-3　运用“互联网+”安全管控平台开展远程视频监督

（3）加大对“两外”人员的现场监管力度和反违章工作力度，严格落实旁站监护要求，做到无监护不工作（图 3-4、图 3-5）。

中国华电 CHD
福建棉花滩水电开发有限公司　　　　安全大检查记录单

棉花滩水电公司“两外”安全督查记录单

检查日期	2020.6.16	受查厂站（区域）	棉花滩水电厂
受查项目情况（项目名称、负责部门）	棉花滩水电厂中控楼后边坡滚石处理项目，负责部门水工水务部。		
检查发现问题	1、上料人员站在移动钢丝绳下方装料，存在安全风险。 2、现场无管理人员检查记录。		
整改措施建议	①上料人员应离钢丝绳1米外装料，且待卷扬机停止运行时再上料。②管理人员检查情况记录表放在作业现场。③每天开工时要检查钢丝绳完好才能开工④雨雾天气、五级以上大风不准施工。		
受查部门领导、管理人员签名	[illegible]		
检查人员签名	[illegible]		
备注			

图 3-4　“两外”安全督查记录单图示

图 3-5　“两外”现场监管

5. 加强“两外”安全基础管理

（1）对外委项目进行分类管理（分为现场施工类、技术服务类、后勤服务类），对不同类型的外委项目制定、运用不同的安全协议、安全考核标准、安全管理责任清单、开工许可流程等格式范本，提高外委项目管理效率。

（2）扎实开展“两外”人员安全教育培训（图3－6）。

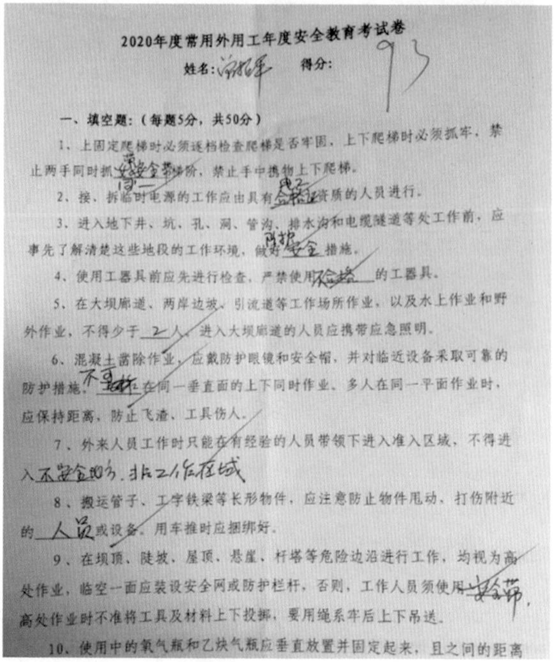

2020年度常用外用工年度安全教育考试卷

姓名：____ 得分：____

一、填空题：（每题5分，共50分）

1、上固定爬梯时必须逐档检查爬梯是否牢固，上下爬梯时必须抓牢，禁止两手同时抓____梯阶，禁止手中携物上下爬梯。

2、接、拆临时电源的工作应由具有____资质的人员进行。

3、进入地下井、坑、孔、洞、管沟、排水沟和电缆隧道等处工作前，应事先了解清楚这些地段的工作环境，做好____措施。

4、使用工器具前应先进行检查，严禁使用____的工器具。

5、在大坝廊道、两岸边坡、引流道等工作场所作业，以及水上作业和野外作业，不得少于____人，进入大坝廊道的人员应携带应急照明。

6、混凝土凿除作业，应戴防护眼镜和安全帽，并对临近设备采取可靠的防护措施，____在同一垂直面的上下同时作业，多人在同一平面作业时，应保持距离，防止飞渣、工具伤人。

7、外来人员工作时只能在有经验的人员带领下进入准入区域，不得进入____

8、搬运管子、工字铁梁等长形物件，应注意防止物件甩动，打伤附近的____或设备，用车推时应捆绑好。

9、在坝顶、陡坡、屋顶、悬崖、杆塔等危险边沿进行工作，均视为高处作业，临空一面应装设安全网或防护栏杆，否则，工作人员须使用____，高处作业时不准将工具及材料上下投掷，要用绳系牢后上下吊送。

10、使用中的氧气瓶和乙炔气瓶应垂直放置并固定起来，且之间的距离

图3－6　“两外”人员安全教育考试卷

（3）运用“七化”标准表单，规范安全措施交底工作（图3－7）。

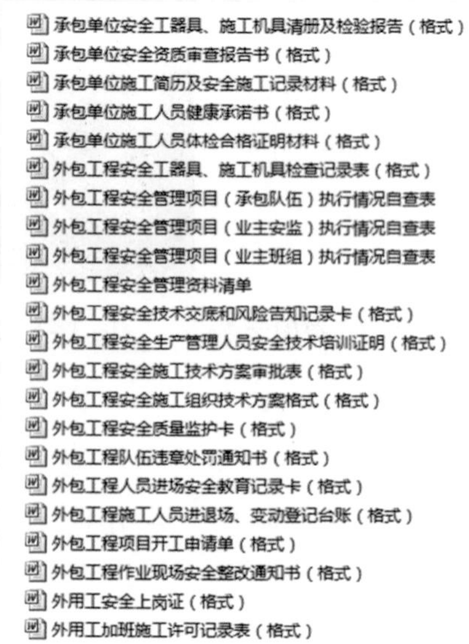

承包单位安全工器具、施工机具清册及检验报告（格式）
承包单位安全资质审查报告书（格式）
承包单位施工简历及安全施工记录材料（格式）
承包单位施工人员健康承诺书（格式）
承包单位施工人员体检合格证明材料（格式）
外包工程安全工器具、施工机具检查记录表（格式）
外包工程安全管理项目（承包队伍）执行情况自查表
外包工程安全管理项目（业主安监）执行情况自查表
外包工程安全管理项目（业主班组）执行情况自查表
外包工程安全管理资料清单
外包工程安全技术交底和风险告知记录卡（格式）
外包工程安全生产管理人员安全技术培训证明（格式）
外包工程安全施工技术方案审批表（格式）
外包工程安全施工组织技术方案格式（格式）
外包工程安全质量监护卡（格式）
外包工程队伍违章处罚通知书（格式）
外包工程人员进场安全教育记录卡（格式）
外包工程施工人员进退场、变动登记台账（格式）
外包工程项目开工申请单（格式）
外包工程作业现场安全整改通知书（格式）
外用工安全上岗证（格式）
外用工加班施工许可记录表（格式）

图3－7　“两外”“七化”标准表单

（二）实践成果

在经历了一段时间的实践后，取得一定的管理成效。

（1）从表3－6中可以看出，2020年棉花滩水电公司“两外”安全管理类问题数量相较2019年有了明显的下降。

表3－6　2020年棉花滩水电公司各类检查中“两外”安全管理类问题条数

序号	检查名称	存在问题数目/条	“两外”安全管理类问题数目/条	2020年“两外”管理问题占比	2019年“两外”管理问题占比
1	福建省电力企业2020年安全生产检查	21	0		
2	华电集团三季度安全督查	24	2		
3	2020年春季安全大检查	25	0		
4	本质安全型星级企业查评	32	1		
5	2020年安全性评价自查评	31	1		
6	2020年秋季安全大检查	22	2		
		155	6	3.87%	8.51%

（2）“两外”安全管理类问题减少带来的效益。

①安全效益：各责任方严格执行“自查表”，使工作流程更顺畅，职责更清晰，施工人员对作业危险点更了解，现场安全措施更全面、完善，安全监督管理更精细到位，管理资料更齐全、完整，工作效率进一步提高（图3－8）。

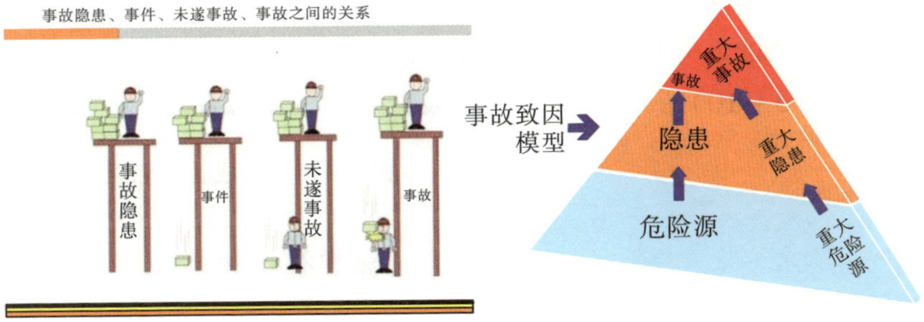

图3－8　消除事故隐患、降低事故风险

②经济效益：安全事故带来的损失包括可见的损失和不可见的损失，安全事故风险降低经济效益是隐性的，我们所能看到的经济效益只是冰山一角（图3－9）。

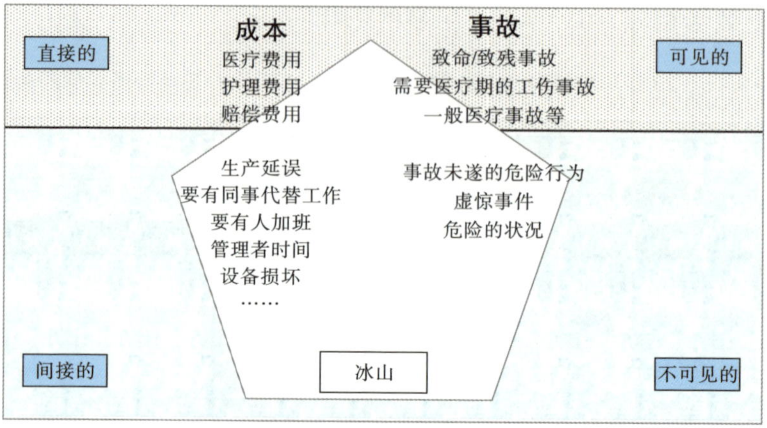

图3－9　降低安全事故风险带来的经济效益“冰山”图

六、标准化

最后，课题组修订棉花滩水电公司安全管理有关制度，明确要求外协用工的保险额度不得低于工伤保险的赔付额度，并应在90万元以上，提高了施工安全事故发生后的保险保证，并形成企业标准（图3－10）。

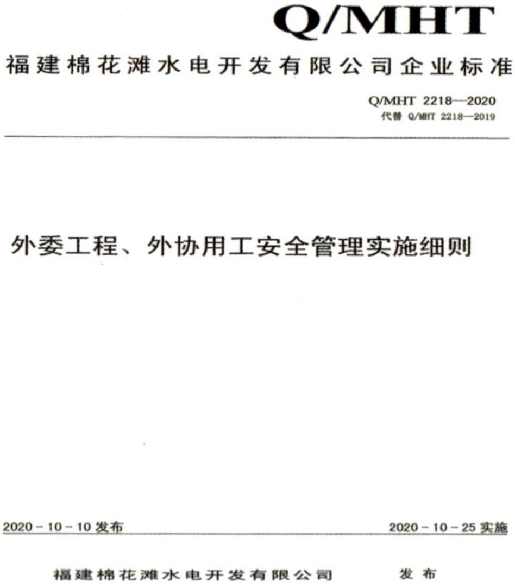

Q/MHT

福建棉花滩水电开发有限公司企业标准

Q/MHT 2218—2020

代替 Q/MHT 2218—2019

外委工程、外协用工安全管理实施细则

2020－10－10发布　　2020－10－25实施

福建棉花滩水电开发有限公司　　发布

图3－10　形成企业标准

（本案例由棉花滩水电公司提供）

【案例3-2】 互联网+安全日活动精益管理

一、课题背景

华电集团2018年安全环保工作会议重点提出，推进“科技兴安，创新强安”，推动“互联网+安全监管”，实现监管手段和流程模式创新。安全日活动作为班组开展安全宣传教育的重要活动形式，存在人员难以集中、记录不规范等问题。

基于上述背景，宁德电力公司通过精益管理将互联网与安全日活动结合，创新安全日活动的开展形式，解决远程参与、记录规范的问题。

二、诊断

（一）问题诊断

通过对安全日活动“组织、活动、记录”3个环节进行全面梳理，运用现状调查法、头脑风暴法对存在的主要问题进行诊断。

（1）组织环节。对宁德电力公司所辖7个班组下发调查表，进行现状调查。统计数据表明，班组安全日活动平均参与率为93%（图3-11）。

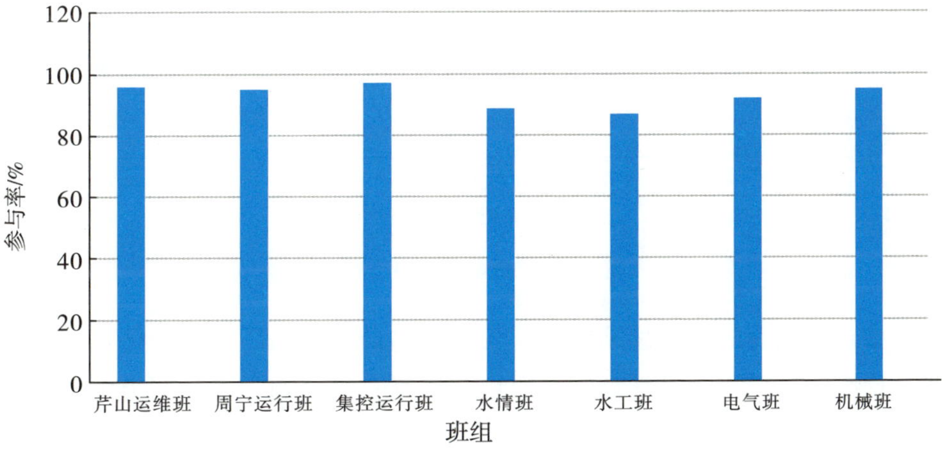

图3-11 班组安全日活动参与率

（2）活动环节。根据宁德电力公司安全日活动的开展情况，通过访谈、数据收集分析、现状调查等方法对存在的问题进行分析与排查确定。活动环节开展得较为规范，多数人员能够发言，内容结合实际，发言内容少但不影响活动质量，见表3－7。

表3－7　宁德电力公司安全日活动开展情况

序号	存在的问题	占比	评级
1	参加人员发言人数少	占全体人员的18%	☆
2	发言字数在20字以下的	占全体发言的84%	☆
3	发言内容空洞、未结合实际的	占全体发言的13%	☆

（3）记录环节。记录归档花费了大量时间，通过对宁德电力公司7个班组的调查发现，平均每次记录归档花费的时间为40分钟。

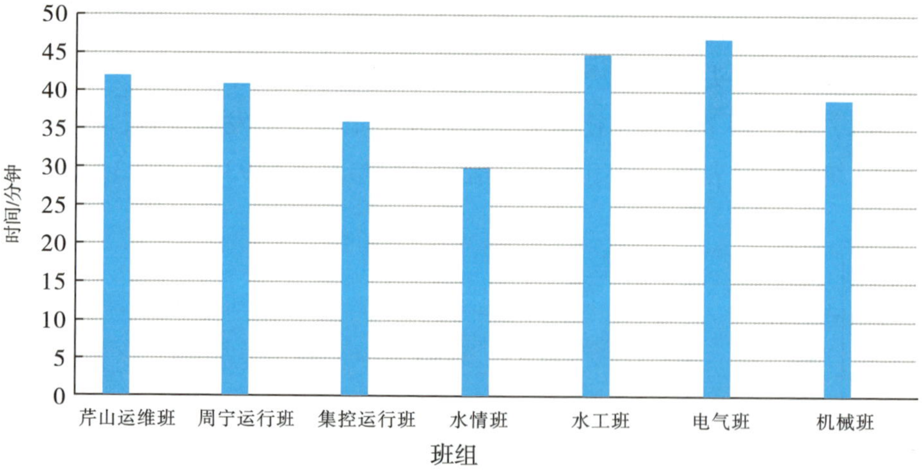

图3－12　班组记录归档时间

通过对现状的调查诊断发现，安全活动日各流程环节中均存在一些问题，这些问题对安全日活动的高质量开展有一定影响，通过归类汇总分析得出，工作原因导致安全日活动的参与率未达100%的情况较多，发言人数较少和发言质量较差、记录的内容形式单一、会后记录花费的时间较长等问题较为突出，宁德电力公司决定将上述问题作为此次改善的切入点。

（二）目标设定："115"总目标

（1）在允许补学的基础上，实现安全日活动参与率100%。

（2）发言结合实际，实现每个人的发言记录完整率100%。

（3）以图片加录音的形式记录整个活动过程，将会后记录花费的时间压缩到5分钟内。

三、分析

（一）组织环节分析

1. 人员参加环节问题

人员未能集中开展学习的原因主要为检修、值班、开会、出差、外出、请假等，导致人员处于多个生产区域，交通需要1小时以上车程，难以集中，人员未能集中开展学习的原因的占比如图3－13所示。

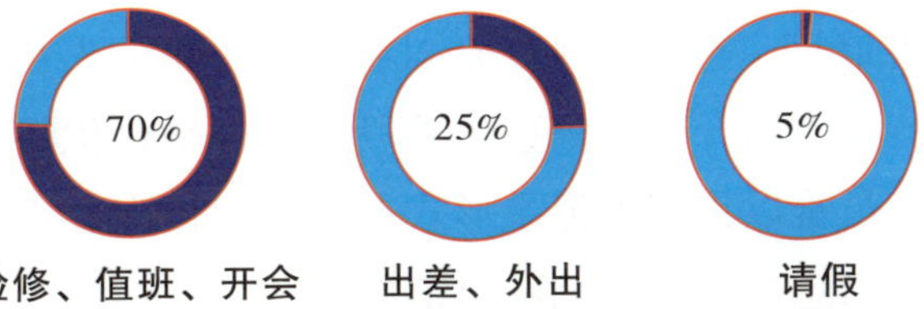

图3－13　人员未能集中开展学习的原因占比

2. 补学环节问题

（1）补学人员的个人补学情况未能在记录中体现。

（2）时间一长，补学人员名单难以确定。

（3）补学人员对相关学习过程不了解，补学质量不高。

（二）记录环节分析

每次记录平均花费40分钟，主要原因为打字慢，记录内容需要梳理，归档步骤烦琐，现有的文字记录方式无法避免这些问题，应选用其他高效的多媒体记录方式。

每个班组每周开展一次安全日活动，平均每次记录花费40分钟，宁德电力公司总共7个班组。每年在记录上花费的时间为：$52 \times 40 \times 7 = 14560$分钟。

通过以上分析确认，主要原因有以下几点：

（1）因值班、检修、开会等正常工作需要，员工未能集中参加安全日活动。

（2）发言记录内容通过文字记录，在手写的情况下有所缺漏。

（3）未体现补学人员的补学情况，内容不够真实、完整。

（4）会后记录需要人工输入，花在文字工作上的时间较长。

四、改善

（一）改善思路

（1）立足传统，优化流程。按照宁德电力公司安全日活动开展的有关规定，运用价值流的思想，对组织环节、活动环节以及记录环节进行分析并精简、优化，减少时间上的等待与浪费，减少文字输入工作量，减少人员占用，提高记录归档管理水平。

（2）基于互联网，创新管理。针对各生产班组的人员任务繁重、有时分布多而散的特点，结合当前信息化手段及软件平台优势，将安全日活动开展中存在的人员难以集中、记录形式单一、归档内容不全、资料不真实等突出问题结合信息化手段、创新思维加以解决。

对上述两种思路进行可行性及效用的综合论证后发现，在环节上精简、优化传统做法，在一定程度上可以对目前存在的问题进行改善，但难以从根本上解决，而使用信息化的管理手段能够恰当地解决以上问题。因此，改善团队决定利用信息化手段开发一种能有效提高安全日活动开展质量的软件平台，于是开发了基于电厂生产管理系统平台的安全日活动平台和手机 App“e＋安全”。

（二）改善效果

（1）手机 App 运用生产管理系统中已有的账号，实现个人信息自动识别。

（2）在生产信息系统内建立安全日活动模块，实现记录格式标准化。

（3）在发起活动环节，通过勾选部门、班组选项，实现班组人员自动全选，并发送参加活动提示，简单便捷、节省时间。

（4）通过互联网和手机 App，安全日活动以多人聊天的方式开展，实现“互联网+”安全日活动，形式新颖，活动内容以录音方式记录，聊天界面操作方便。

（5）利用手机自带的照相机进行拍照，并自动通过手机App保存在活动记录内，确保记录过程真实、有效。

（6）通过账号跟录音文件信息绑定，实现个人讲话内容与姓名自动链接，不用后期再识别发言人、修改录音文件名与之对应。

（7）通过计划活动人员与参加活动人员对比，自动判断补学人员名单，补学人员后期通过手机App自行补学，上传活动记录，实现安全日活动参加率100%。

（8）通过互联网，所有活动过程中的资料自动上传至生产管理系统安全日活动模块内，实现1分钟内记录自动归档。

五、标准化

为了巩固改善成果，宁德电力公司制定了《互联网+安全日活动规范管理办法》《“e+安全”手机App使用操作手册》等进行规范（图3－14、图3－15）。

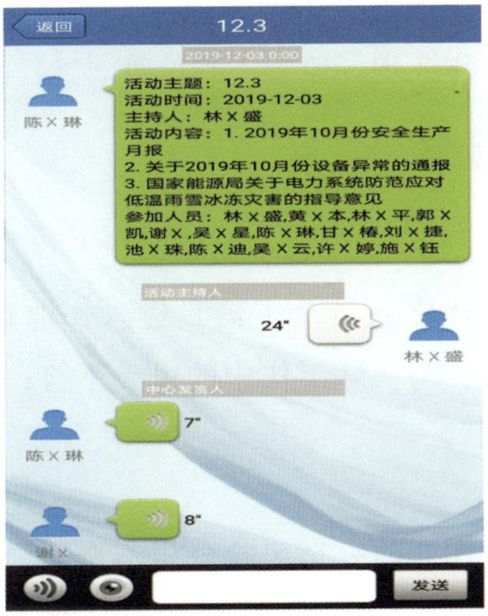

图3－14　手机App管理界面一

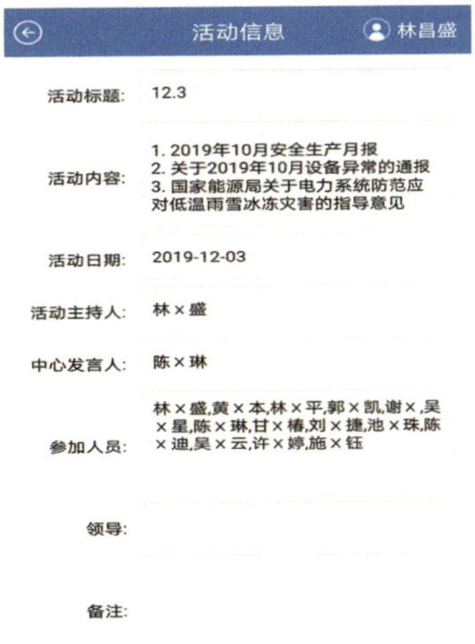

图3－15　手机App管理界面二

（本案例由宁德电力公司提供）

【案例3-3】 强化安全生产基础管理促进本质安全型企业建设

古田溪水电厂厂站数量多、分布广，地处偏远山区，外包工程多，员工安全意识有待提高，对作业现场进行全过程实时监督难度大（图3-16）。

如何在目前条件下对作业现场进行有效的管理，进一步明确管理流程、管理要点，确保现场作业安全、实现高效管控？

图3-16 古田溪水电厂全貌

一、诊断（从企业痛点找工作目标）

通过对近些年发生的几个典型不安全事件进行诊断，可以发现该厂安全管理存在以下问题：作业人员安全意识淡薄、培训不到位、作业现场安全措施布置不到位、技术监督有漏洞、作业现场监督不到位等。

二、分析（从细化职责到落实职责）

1. “两外”管理常有漏洞

“两外”人员入口把关不严，使不合格人员及工器具进入作业现场；人员安全教育培训流于书面，照本宣科，与实际工作中的风险不符；现场监护人员未做到“人到、心到、责任到”。

2. “两票”管理不够规范

部分区域风险管控层级设置偏低；作业前安全风险分析不全面，预控措施针对性不强，造成风险失控；安全措施存在漏洞，如未写明工作区域、运行区域未设置隔离围栏（网）和警示标志；工作人员履职不到位，没有认真审核工作票上的安全措施是否正确、完备。

3. 反违章工作不扎实

在实际工作中，部分人员对反违章工作的重要性认识不足，反违章主体责任落实不到位，习惯性违章现象时有发生。各级管理人员对作业现场的安全监管不到位，未及时发现作业现场存在的违章行为。

4. 设备缺陷触目惊心

设备出厂有“家族病”，先天设计有缺陷；设备维护不及时，定期工作有缺失；缺陷处理不及时，技术监督手段有所欠缺。

三、改善（从积累经验到收获成果）

（一）“两外”方面，强化“两外”人员管理、确保围墙之内无外人

1. 方法一：严把“两外”人员入口关

（1）对外来入厂作业人员的资质情况（图 3－17）、投保情况、体检情况进行认真核查，对不符合要求的人员直接进行清退。

（2）给合格人员发放两级上岗证，厂级上岗证作为入厂先决条件，部门级上岗证将每位资质审查合格后的外委劳务工人的身份信息制作成二维码“身份证”，粘贴在安全帽特定部位上。现场只需扫一扫二维码，其是不是在有效的准入期限和区域内工作即一目了然（图 3－18）。

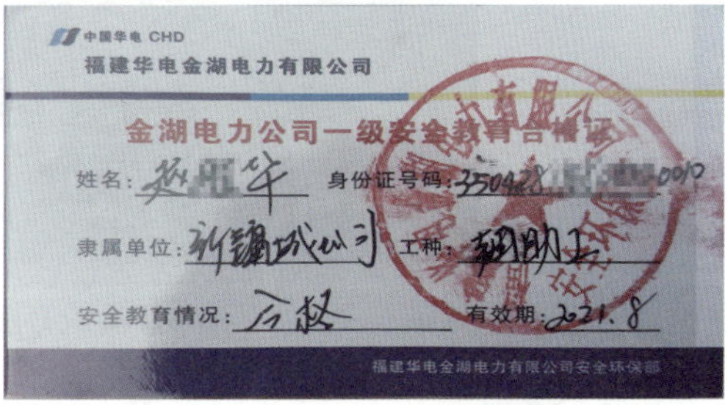

图 3－17 一级安全教育合格证

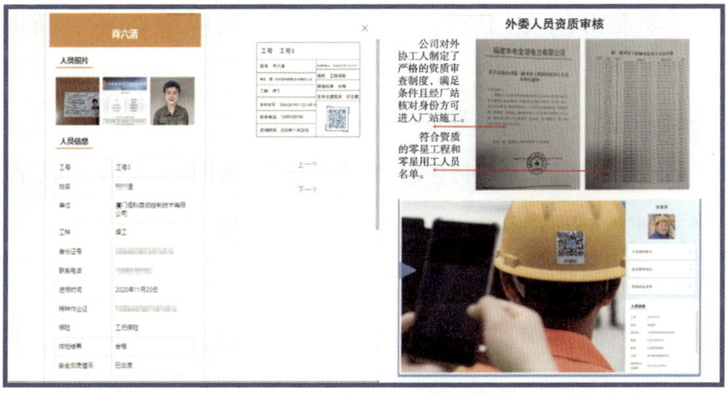

图 3－18 安全帽二维码“身份证”

（3）强化入厂个人防护用品、工器具核查，保障作业现场无不合格工器具，同时对外委工程资料进行分类整理，使其目视化效果更好。

2. 方法二：开展针对性培训

（1）制定有针对性的安全交底内容，突出抓好施工作业危险点及防范措施“手指口述”环节的实施，并且全程对所有人录音、录像并存档。

（2）对人员状态进行实时监测，不定期举行“安全双述”考试（图3－19）。

图3－19 人员状态实时监测

3. 方法三：做到“无监护不工作”

（1）凡是有“两外”人员的工作必须有正式员工进行监护，同时现场粘贴各类作业管控要点，确保监督在场。

（2）公司职能部门专门安排人员，加强对高风险区域、高风险作业的督促检查。

4. 方法四：建立外委人员安全档案

对违章情况进行记录，对违章屡禁不止的队伍和人员予以清退。

（二）“两票”方面，提升作业流程可靠性

1. 方法一

（1）新增检修作业风险辨识告知牌，提升区域管控等级，110kV以上

检修作业风险管控等级为较大风险，现场进行安全措施复核时必须有部门管理人员在场。

（2）使用硬质围栏对检修区域与运行区域进行隔离（图3－20）。

图3－20　提升作业流程可靠性措施

2．方法二

（1）对员工的工作经历和专长进行摸查，重新确认“两票三种人”的职责范围，避免超能力许可、签发工作票。

（2）扩大操作记录仪录音、录像范围，特别是6.3kV及以上的安全措施复核，必须录音、录像，实现可追溯（图3－21）。

图3－21　使用操作记录仪录音录像

（三）反违章方面，开展多种形式自查互查，违章曝光不留死角

（1）充分运用安全生产视频系统、移动视频监控，职能部门每天安排专人对现场摄像头进行抽查，形成反违章高压态势。

（2）积极开展厂际互查等活动，及时发现和纠正违章行为，同时在该厂门户网站上设立违章曝光栏，发现一起曝光一起。

（四）设备基础管理方面

（1）利用信息管理系统，实现设备全生命周期管理。

（2）强化设备缺陷处理，确保小缺陷不过夜，同时不断改善现场作业环境，将7S管理模式贯彻到每一处。

（3）建立设备双主人制，让设备有共同的管家，共同确保设备安全（图3-22）。

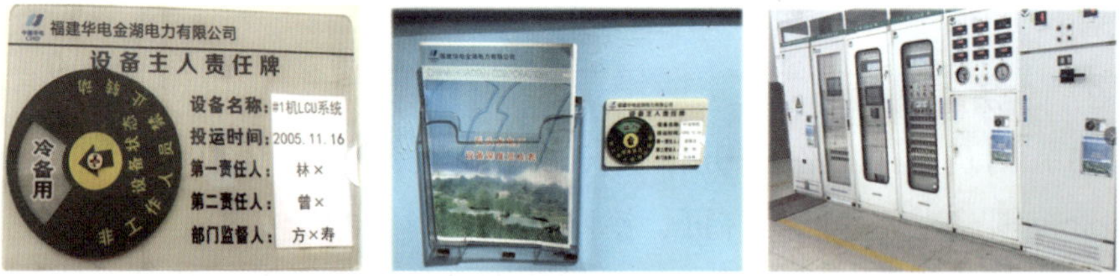

图3-22　设备基础管理内容

四、标准化（从实施标准化到提升竞争力）

经过一年的改善实施，古田溪水电厂制定了各类日常工作管理标准，强化制度执行。该厂还依照运维管理模式制定了各类设备定期工作记录表、运行日报表和定期工作记录本等，切实强化安全生产管理，尽百分之百的努力扭转安全生产的被动局面（图3-23）。

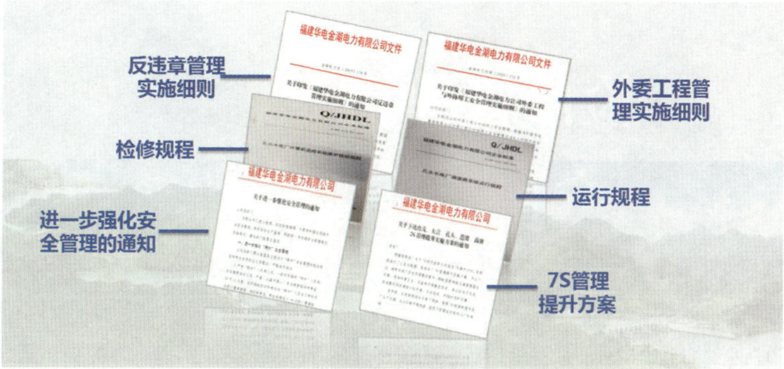

图 3－23　制定各项细则、规程

安全管理，我们一直在努力！

（本案例由古田溪水电厂提供）

检修管理篇

主辅设备是发电企业最重要和最核心的资产，对主辅设备进行科学、有效的管理是各发电企业生产经营管理的工作重点。机组的检修管理是设备维护管理的重要环节，检修管理水平的高低直接决定了机组检修后运行的安全、环保、节能水平，直接影响着各发电企业在电力市场中的竞争力。面对电力体制改革带来的激烈竞争，发电企业亟须建立符合自身情况的设备检修动态管理机制，以降低设备检修、维护成本，提高企业核心竞争力。

各发电企业在设备检修管理方面进行了大量创新和探索，出现了以全员设备维护、定期检修、改进性检修、预知性检修、状态检修等为代表的管理方法和理论。设备检修在管理上应贯彻“预防为主、计划检修”的方针，坚持“应修必修，修必修好”的原则，以定期检修为基础，以检修的安全和质量为保障，以精密点检为手段，逐步提高状态检修设备的比重，最终形成一套集定期检修、故障检修、状态检修于一体的优化检修模式。

设备检修管理的最终目的是通过全员设备维护及精益检修实践和应用，提升设备可靠性，实现提质增效。

第一章　发电企业检修管理概述

发电企业检修管理以设备检修全过程管理为主线，覆盖安全管理、质量管理、培训管理、费用管理以及技术管理五大方面。日常运维期间，以设备维护保养为基础，以设备安全、环保、节能运行为重点，以状态监测、精密诊断分析为手段，结合企业生产运营特点，借鉴国内外先进发电企业的优秀管理经验，形成自成一体且行之有效的管理手段。

第一节　检修管理现状诊断

我国发电企业的标准化检修起源于20世纪大亚湾核电站的标准化检修，经过20多年各级检修人员的积极思考和不断探索，标准化检修在大亚湾文件包检修的基础上进行了大量本土化、国情化改进，如引入二八理论进行分类控制，引入定额标准进行成本控制，将ISO 14000、OHSAS 18000与工序卡融合，引入网络图等，形成了一套符合中国电力企业管理特色的检修管理方法，逐步形成了预防性检修与大小修相结合的设备检修管理模式。发电设备检修从被动的临故检修到计划检修再到状态检修，是实践、探索、总结、提升的过程。

一、预防性检修

预防性检修的核心内容是做好设备寿命评估工作，将设备检修工作与设备运转周期及停运时机节点结合，确保设备始终处于最佳运行状态，以取得设备管理的最大经济效益。但预防性检修仍存在一些问题。一是临时性检修频繁。某些运行时间长、运行工况恶劣的设备有时无法适应统一的计划检修安排，未运行至下一个滚动检修周期就需停运进行临时性检修，造成检修计划被打乱。二是欠修与过修问题凸出。状态较差的设备由于各种原因在检修期未到时产生缺陷，但在检修计划节点到来前需带病运行。对于状态较好的设备，为避免追责，未认真评估设备寿命就安排不必要的维修，造成人力、物力、财力的浪费。

二、大小修

检修等级是根据发电设备检修规模和停用时间制定的，华电集团将机组检修分为大修、小修两个等级。

（1）大修是指对发电主设备进行全面的解体检查和修理，以保持、恢复或改善设备性能，辅机及辅助设备检修可以结合状态监测在一个大修周期间隔内滚动安排。

（2）小修是指根据设备的磨损、老化规律，有重点地对发电设备进行检查、评估、修理、清扫。小修可进行少量设备零部件的更换，适用于设备的消缺、调整、预防性试验等作业以及部分大修项目或定期滚动检修项目。

根据机组运行的可靠性情况，如需在机组小修过程中安排工作量大、实施周期长的重大检修特殊或技改项目，导致机组检修时间（天数）增加，可安排扩大性小修（简称“扩小”），工期应依据该重大检修特殊或技改项目来定（原则上应短于大修工期）。扩大性小修中，应针对某些设备存在的问题，对其进行解体检查和修理，同时可根据设备状态评估结果，有针对性地实施部分大修项目或定期滚动检修项目。扩大性小修必须在年度检修组合规划及检修计划申报时特别注明，并经上级公司批准后方可执行。

第二节　检修管理重点要求

一、发电企业设备特点

1. 技术密集型

发电企业有大量的机械设备、电气设备、仪表控制设备、精密电子设备等，各设备有序运转、相互协调，确保安全、环保、节能发电。

2. 管理要求高

发电企业应用的生产技术覆盖动力工程、机械设计、电气、自动化、材料、流体力学、计算机、通信等多个专业，体现了现代科学技术的高度专业化与综合性。

3. 设备差异性大

发电企业主机设备及重要辅机设备生产厂家繁多，配套的设备型号及参数大相径庭。

二、检修精益管理要求

（1）坚持贯彻“应修必修、修必修好、一次就好”的原则，做好设备检修安全、质量、进度管控工作，以实现机组检修后开机长周期安全、稳定、节能运行。

（2）在机组检修开工前，需组织召开全体参修人员动员大会和质量标准宣贯会。组织各检修部门或单位签订安全质量保证承诺书。组织编制《机组大小修管理手册》并下发各参修单位执行。下发《机组检修管理办法》《检修冷热态评价管理制度》和《设备检修三级验收管理制度》等相关制度、办法以供学习。

（3）应开展重要设备检修前专项技术交底。针对“四管”防磨防爆、汽轮机扣缸、水轮机检修、发电机抽穿转子、主变压器检修、电除尘检修、水压试验、起重吊装、金属焊接等重点检修项目，在检修开工前必须提交专项技术方案，由检修指挥部组织监理、部门专业人员、参修单位等所有相关人员进行专项技术交底，明确安全技术措施和质量标准，形成会议纪要，确保检修规范、质量可靠。

（4）建立检修全过程质量督查机制。推行检修监理制，监理负责大（小）修设备检修质量策划、开展过程监督，参加重要节点的旁站检修，对各质检点进行验收签证。设备维修部和各参修单位必须自行组织检修质量自主日督查，每天通报质量工艺考核情况。生产技术部（以下简称“生技部”）要组织监理和维修部、发电部、检修指挥部人员成立检修质量督导组，每天进行现场检修质量检查并在检修协调会上提出奖惩。重点检查文件包执行过程中的检修记录、质检点验收、设备拆装工艺、设备试运行情况等，加大对违反各项检修工艺、纪律事件的监测力度。出现重大检修质量问题后，认真分析原因并对相关检修人员进行处理。生技部每周盘点质量监督共性问题和技术监督计划执行情况，对现场发现的质量问题及时下发技术监督通知单并举一反三，落实整改。

（5）开展检修质检点清单管理。检修前，生技部应汇总各专业检修质检点清单，明确每台设备质检点清单、类别和验收标准，每周组织质检点完成情况盘点，检修结束后各级验收人员需在质检清单中对所有质检点签字确认，确保质检点不遗漏。

（6）建立检修质量问责机制。建立检修过程“典型质量事件”和安健环事故约谈反思机制，安环部组织安健环事故分析会，生技部组织检修质量事故分析会，相关人员在检修碰头会上进行反思表态，坚决遏制检修质量滑坡和工艺质量不良的苗头。机组检修未完成检修目标和设备开机后三个月内发生强迫停运事件的，由单位领导对相关责任部门和责任人进行约谈。

（7）加强设备缺陷和可靠性管理。梳理优化调停检修“逢停必查”项目清单，严格开展设备定期维护工作，提高检修工艺质量，重点将影响机组正常运行的五类缺陷（重大缺陷、疑难缺陷、频发缺陷、重复缺陷、长期缺陷）纳入专业跟踪范围并落实，形成闭环。完善缺陷管理奖惩机制，对机组调停检的零缺陷开机、主要辅机非计划停运、二类及以上缺陷进行专项奖惩，以“零缺陷”保证“零非停”。

（8）加大机组检修全优奖惩力度。加强检修质量目标管理，机组大修后需确保达到检修目标。开展机组检修全优专项奖惩，检修全优奖分大修、扩大性小修、小修三种，奖励根据检修管理办法进行冷态、热态评价后分阶段兑现。

（9）建立外委检修单位质量诚信管理机制。完善检修维护外包合同考核条款，按照外包检修合同，严格落实和考核合同中约定的承修单位质量保证条款，并将设备检修后发生主要设备质量问题事件的承修单位纳入黑名单。

（10）严格检修前检修人员资质、技能审查。成立机组检修组织机构和检修指挥部。设备维修部成立以副主任为检修现场总指挥的设备主人检修团队，成员数量不少于设备维修部总人数的 50%，由各专业主管担任检修专业负责人。外委检修队伍提前 10 天进场进行技术交底并熟悉设备状况，各专业组对所有检修人员进行资质、技能审查把关，严格持证上岗，高级检修工人数必须符合合同要求，将不合格人员予以清退，人数缺额按合同综合单价进行考核，直至满足检修需求。

（11）严格检修前技术准备工作。发电部在检修前 3 个月完成机组检修前性能试验工作；生技部在检修前 3 个月编制技术监督计划；维修部在检修前 3 个月完成机组设备健康状况报告和寿命评估报告并编制机组检修项目清单，清单应包含标准检修项目、特殊项目、技改项目、配合专业项目、需厂家配合项目、技术监督项目、电科院检验项目等。维修部在检修前 1 个月完成设备检修文件包的编制和审批，并与生技部明确标准检修项目工艺质量标准和质量验收点；技改、非标项目完成施工项目的编制和审批，明确技改、非标项目中需进行三级验收签证的质检点。发电部在设备停机后 2 天内列出停机过程缺陷清单并提交维修部。检修过程中由各专业组每周填报检修中发现的缺陷并形成清单，重大缺陷立即组织专题讨论并明确处理方案。

（12）开展检修质量劳动竞赛和技能培训。充分发挥榜样的力量，结合机组检修开展以质量指标为主题的劳动竞赛。维修部组织开展新员工（入职三年内）检修技能培训工作，与外委检修师傅签订师徒合同，提升员工检修技能，检修结束后对参训人员进行技能考评和奖惩。

（13）做好设备检修过程质量控制。严格按文件包检修工序进行 W 点、H 点、P 点、R 点验收。参修单位和各部门、专业组严格按照检修文件包执行质检点验收，做到修前、修中、修后数据检测准确、记录完整、签证及时。

（14）严格执行质量缺陷报告（QDR）制度。为保证缺陷得到有效的记录和跟踪处理，设备检修过程中发现的检修文件包预期之外的质量缺陷，应填写质量缺陷报告并进行全过程闭环管理。维修部主管根据现场调查分析结果，在 QDR 中填写原因分析和处理意见，报生技部和公司领导审核批准，对 QDR 处理结果的验收一律执行 H 点验收规定。

（15）建立试运行协调总结工作机制。修后总体试运行由负责生产的副总经理或总工程师担任总指挥，全面负责试运行的指挥、协调。发电部副主任以上职级人员担任现场调试总负责人，总结各专业历年来开机的常见问题，组织完善单体调试和分系统试运、试验工作清单，明确调试进度节点，在集控室设立调试看板，调试进度计划及缺陷“上墙”管理。根据管理标准提出调试过程中的缺陷统计和考核要求，由生技部负责落实奖惩。分系统调试验收合格方可移交整体启动试运行。检修后 3 个月完成机组检修后性能试验。

（16）强化设备再鉴定验收工作。加强调试质量监督管理，对设备检修后单体试转和分系统调试缺陷进行考核，以调试验收促进检修质量提升。试转中发现问题的，在没有纠正问题前不得再次启动设备。设备试运行正常后进行质量再鉴定验收，质量再鉴定纳入机组冷态验收评价。机组修后启动 1 个月，根据设备的安全及经济技术指标，对设备进行功能再鉴定，对检修后设备是否满足运行需求进行评价，功能再鉴定纳入机组热态验收评价。

（17）认真贯彻执行检修文件包管理，做到三级验收，层层把关，确保四个“凡事”：凡事有人负责，凡事有人监督，凡事有章可循，凡事有据可查。

第三节　检修精益管理创造价值

检修精益管理是提升设备安全、环保、节能性能的重要手段之一，也是设备全寿命周期管理中的重要环节，以精益检修思想为指导，以检修全过程控制为手段，以检修台账数据为依据，对设备检修维护进行全面管控，进行精细检修成本分析，以实现“消除浪费、创造价值”的提质增效目标。

简单来说，发电企业设备检修全过程管理包括以下内容：

（1）组织编写机组可靠性分析报告，分析并明确影响机组可靠性的主要因素；

（2）组织进行机组检修前性能试验，查找影响机组节能运行的重点项目；

（3）组织汇总分析机组存在的主要设备缺陷，组织编写发电设备检修前状态评估报告；

（4）组织编制机组检修项目计划，包括标准项目计划，特殊项目计划，技改项目计划，公用系统和阀门、电机滚动检修计划等；

（5）组织编制技术监督项目计划；

（6）结合年度反措计划、技术监督、安全性查评偏差等落实整改；

（7）根据检修项目施工工艺要求，制订需设备制造厂或相关调试机构配合计划、各专业配合计划；

（8）绘制机组检修网络进度图，并根据实际情况绘制各专业的检修网络图及重点项目的专项检修网络图；

（9）针对标准检修、特殊项目和技改项目的施工特点，组织编制检修文件包、施工方案、技术方案、调试方案等技术文件；

（10）根据检修项目情况办理有关的设备异动报告申请手续；

（11）根据实际情况制定设备保护、安全隔离等措施；

（12）根据确定的检修项目按规定要求上报所需备品、材料等物资需求计划，并做好物资采购、验收工作，检查、落实检修物资的到货情况；

（13）施工机具、专用工具、安全用具、试验设备等按有关规程、规定进行安全检查、试验；

（14）绘制检修现场定置管理图；

（15）组织检修人员进行安全工作规程、检修工艺规程、设备检修作业文件包、检修工艺纪律、安全技术措施等方面的学习，并要求其考试合格；

（16）落实检修后勤保障、宣传报道、劳动竞赛等有关事项，形成全厂上下齐抓共管的良好检修氛围；

（17）每日召开检修协调会，加强安全监督检查及考核，对前阶段安全情况进行总结分析，对发生的不安全情况进行通报，对下一阶段安全工作进行部署和安排；

（18）检修期间发现重大设备问题，应立即向上级公司汇报并及时制订解决方案；

（19）机组检修完成后做好设备调试、冷态验收、开机工作及热态评价。

以上每个环节都存在可以改善优化的空间，不同的检修管理策略、组织机构和人力资源配置都会对检修成本和施工进度产生不同的影响，并导致不同的检修结果。

通过合理配置资源能够充分提高发电企业内部检修资源的利用率，挖掘检修资源的价值，有效将企业内部员工自主维护、外委单位检修合理搭配，以达成检修成本最小化、检修效率最大化的目的。

第二章 发电企业检修精益管理实施路径

第一节 检修精益管理诊断分析

发电机组设备检修主要是修理或更换磨损、老化的部件，重新修复设备，恢复或提升设备的性能，是对设备老化的补偿。设备维护主要是处理设备在运行过程中随时发生的状态变化，如跑冒滴漏等。熟悉掌握设备的故障规律，是做好设备检修工作的客观前提。高质量检修工作不仅可减少后续日常维护工作量，而且有利于优化检修周期。只要日常维护保养工作做得及时、有效，就可大大减少设备抢修工作量，甚至延长设备的检修周期，提高机组等效可用系数，获得更好的提质增效收益。

一、现状分析

定期检修是发电企业当前常用的设备检修管理方式，即无论设备状态好坏，定期将机组设备全部解体检修或将部分设备系统解体检修。机组检修间隔是指从该机组上次检修复役后正式交付电网调度时开始，至下一次检修开始时所经历的时间。机组检修间隔原则上依据设备运行小时数确定。鼓励将经过精细化检修的机组大修间隔适当延长。实施精细化检修的机组，检修间隔可在规定的基础上适当延长。对相应等级检修中实施重大、特大技术改造项目的机组，可适当放宽机组停用时间的限制，但必须报上级公司批准。对主设备技术状况不良或存在重大设备安全隐患的机组，为确保机组的安全，以及由于其他原因确需提前大修时，经过技术论证并报华电集团批准后方可执行。

经过多年实践，各发电企业对设备检修的经济性有了更高要求。定期检修方式逐步暴露出检修周期不合理、过修或欠修等弊端，如检修项目针对性不强，存在盲目性；存在过修或欠修情况，造成人力、物力与财力浪费；检修周期和等级相对固定，不能满足设备状况和市场变化的需要；没有充分考虑各发电企业的设备与经营状况的差异性。

二、梳理诊断

（一）设备维护诊断

1. 设备日常保养

设备状态一般通过分散控制系统（DCS）进行监测，配合巡操及检修工日常巡检，巡检效果比较依赖巡检人员责任心，巡检工作不到位、巡检标准不具体、设备保养不到位是造成设备缺陷频发、设备性能下降的主要因素。

2. 定期试验、检查及给油脂工作

运行方式调整不及时、参数设置不合理、定期切换周期不合理、定期试验执行不到位、定检质量不高、未定时给油脂等问题是导致设备出力不足及出现故障的主要因素。

3. 设备缺陷隐患管理

缺陷登记不及时、归类不准确、验收人员缺位、把关不严等问题是造成设备缺陷消除不及时、处理不彻底及缺陷重复发生的主要因素。缺陷统计分析偏差大，不能起到指导设备管理的作用。管理制度不完善、奖惩机制不合理等问题也不利于缺陷的高效闭环管理。

（二）设备检修诊断

1. 设备修前评估

机组检修前需对所辖设备进行状态监测，通过分析获得设备状态综合信息，据以制订检修方案并估算检修费用及时间，根据设备的重要程度以及全厂机组检修计划合理提出检修建议。目前设备评估主要由各专业人员根据机组运行期间发现的缺陷、隐患、技术监督偏差、安全性评价和可靠性查评偏差等结果等进行分析，检修前数据采集仅限于部分设备，数据不全面导致欠修或过修。另外，没有深层次地分析设备参数异常的原因，不能准确地评估设备状态，对检修项目缺少指导意义，影响设备检修后的可靠性。

2. 修前准备

修前准备包括检修项目计划编制、技术文件准备、物资准备、检修工器具准备、组织与人员准备、专用工器具准备、外包项目落实等内容。存在以下主要问题：检修计划指导性不强；检修项目安排不合理；设备基础信息不完整；专用工器具、试验设备、特种车辆等准备不到位；备品备件、材料落实不到位，信息不能共享。

3. 停运时间

受电网调度、市场营销策略影响，机组停机检修时间不确定，经常被调整，无法按计划进行检修。

4. 现场管理

设备解体检修阶段拆解部件多，存在高空作业、起吊作业、交叉作业风险，同时存在检修现场定置管理不彻底，检修作业区隔离不规范等问题。

5. 设备解体检查

设备解体检查是机组检修中发现和处理问题的重要环节，检修人员技能水平的高低是决定检修成败的关键。存在解体标记不准确、不规范，原始记录不完整，检测设备数量不足，检测方法不正确，操作不规范等问题。

6. 修复及更换

修复及更换是检修的重要工序。存在检修文件包可操作性差、内容不全面、标准引用不正确、备品准备不及时等问题。

7. 质量验收

检修质量验收采用三级验收方式，并结合 W 点、H 点、P 点进行。存在质监质量保证体系不完善，验收不及时，人员不到位，把关不严，质检点设置不合理，人员技能不足，检修质量不良等问题。

8. 设备回装

设备解体检查修复或更换完成后，要进行设备的回装。存在人员技能不足、标准不高、工艺不良等问题。

9. 冷态验收

冷态调试阶段是机组检修完成后质量验证的重要环节。存在检测手段不完善、验收漏项、组织协调不力等问题。

10. 热态试验

热态试验是机组检修完成后对带载功能进行验证和鉴定的重要环节。存在方案准备不充分、沟通不到位、时间不足造成部分试验项目得不到充分验证等问题。

11. 总结评估

总结评估是机组检修完成后对安全、质量、指标、工期、费用进行全面梳理总结的重要过程。存在总结评估开展不及时，报告内容不全，甚至未评估等问题。

12. 资料归档

技术资料管理是生产管理的基础工作。存在运行规程、检修规程、设备异动或改造后图纸修订不及时，资料未受控管理；基础资料不全；手续不全；检修后技术资料归档不及时、不规范等问题。

13. 热态验收

热态验收是对机组检修完成后各设备性能、参数是否恢复或提升的重要判断依据。存在修后设备性能试验延迟，报告提交不及时，试验结果未组织专题分析，未达全优，指标项目未落实责任等问题。

三、原因分析

（一）设备维护

1. 设备日常保养

设备日常维护保养标准不高、执行不到位、制度不完善是造成设备日常保养工作质量不高的主要原因。

2. 定期工作

制度不完善、周期不合理、工作内容不明确、执行漏项是导致设备维护管理定期工作不到位的根本原因。

3. 缺陷管理

日常巡检、运行监视、定期工作、缺陷标准认识等管理上的不到位是造成设备缺陷频发、重复发生甚至扩大的重要原因。

（二）检修管理

1. 检修计划编制不合理

目前发电企业检修计划制订方面存在以下问题：沿用原来的定期检修模式安排机组检修计划，存在机组设备未劣化到需要检修却安排检修的“过修”情况；对技术状况较差的机组检修安排不及时的“欠修”状况。

2. 检修项目制定针对性不强

存在检修前数据采集、诊断、评估不全面，机组检修计划时间调整，项目制定人员业务技能不足，专业之间缺乏沟通，沿用往年项目现象，降低检修项目编制针对性。

3. 检修前准备工作不充分

（1）对检修工序及标准了解不充分，检修文件包编制不及时，设备基础信息不完整；

（2）检修中需要用到的专用工器具准备不充分；

（3）检修中需要用到的备品备件、材料准备不充分；

（4）检修中需要的技术支持无法按需、按时到位。

4. 备品备件管理不完善

物资计划上报不准确、不及时，各专业定额设定不合理，采购配送不及时，出入库管理不规范，备品备件信息未共享均会对检修工期进度及检修工艺质量造成影响。

5. 检修工艺不良

造成检修工艺不良的原因主要有检修人员技能不足、备件不合格、质量监督与保证体系不健全、工序标准不明确等。

6. 检修文件包可操作性不强

检修文件包未充分针对设备结构、状态、工艺进行编制，审核把关不严格，导致指导性不强、可操作性差。

7. 修后总结报告不全面

总结评估流于形式，评估人员不专业，存在缺位错位、评估漏项现象，未对检修情况进行技术经济评价，未进行检修经验提炼，报告内容不全面。

8. 技术资料管理不规范

检修资料收集整理不全，试验检测数据保存不善，技术报告提交滞后，手续不齐全，规程图纸修订、资料归档不及时。

第二节　检修精益管理体系构建

通过采取对策，优化和改善现有的检修管理体系，梳理诊断低值、无效管理，消除浪费，创造价值，构建更加科学、高效的检修精益管理体系，统一指导各单位开展精益检修，确保各生产单位在精益检修推进方式和目标上的系统性和一致性。

一、检修体系

检修精益管理体系是综合了计划检修、状态检修等模式中的有益部分而形成的一种优化检修新模式。其核心是将“精益”思想融入发电企业的检修管理。着力加大设备日常维护保养的力度和投入，从过去的“重检修轻维护”转变为“维护检修并重”，通过提高技术监督管理水平，提升设备运行的安全性、可靠性、经济性。

二、实施方法

从落实设备主人责任制入手，建立健全完善、可操作的设备维护保养和预防检修体系，选择科学、实用的状态检测设备和技术监督信息化平台系统，进行设备状态管理及评估，达到优化检修策略的目的。

（一）推行全员设备维护，实施职位职级系列考评

全员设备维护管理致力于建立全员、全过程、全面的设备预防维修体制，在日常对设备进行全面、全过程和全方位管理的基础上，通过增强设备主人的责任心和提高设备的可靠性来维护设备的良好运行，实现设备管理效益最大化，确保机组生产潜力得到最大限度发挥。

全员设备维护管理强调设备维护的全员参与，是该管理模式的理念和精髓。由于部分员工的职业素养不高，缺乏主动参与设备维护管理的积极性，故在提倡设备管理全员参与的同时，根据企业的设备状况、员工素养制定可指导全员参与的设备管理作业标准，通过宣传和培训，形成可执行的设备管理行为标准，使设备全寿命周期管理的全过程及各个环节的行为规范化和管理精益化。改革依靠经验和自觉性的管理方式，使设备管理走向标准化，建立起一套设备管理规范化的系统，减少决策的随意性，制定与规范化作业相适应的检查评估体系。

将全员设备维护管理与设备精益管理、7S 管理、星级发电企业创建、本质安全型企业创建等结合，将及时处理简单设备缺陷作为预控缺陷发生的有效手段，通过规范化的达标细则，对设备主人进行全员挂钩职位职级系列考评。通过考评，逐步建立持续改进的长效机制，提高员工自主维护设备的意识，有效改善设备维护质量，形成全员参与、全过程控制的设备管理模式。

（二）以计划检修为基础，逐步实现状态检修

目前发电企业检修主要采取的是计划检修模式，但由于计划检修无论设备状态如何，到期必修，故有失科学性，造成浪费。为积极应对日益加剧的电力市场竞争，加快建设以市场为导向的发电设备管理机制，努力提高发电企业的市场竞争力，深入贯彻“消除浪费、创造价值、持续改善、精益求精”的精益检修和价值检修理念，以提升设备可靠性、降低检修成本和消耗水平为目标，不少发电企业开始逐步探索新的检修模式和维修理念，即在当前计划检修的基础上，充分发挥设备点检和精密诊断作用，积极开展设备劣化趋势分析和能效状态评估，结合机组运行特点，统筹兼顾成本因素，合理确定设备维修方式、周期，实行集定期检修、状态检修、事后检修、改进性检修于一体的发电机组检修优化模式。贯彻执行“安全环保、服务市场、差异管理、降本增效”的总体要求，坚持“统筹策划，应修必修，修必修好”的原则，以定期检修为基础，以技术管理为手段，

以维修质量为保障，不断提高检修的针对性、有效性，科学延长机组检修间隔，科学优化检修项目，合理控制维修成本，持续保持机组的安全、环保、经济性能，持续满足电力市场激烈竞争形势下的发电需求，持续提升发电企业的低成本运营能力。

（三）实施设备分级分类管理，优化检修间隔

机组检修间隔原则上依据机组运行小时数确定。机组累计运行时长达到 1 万小时安排小修，机组大修后累计运行时长达到 4 万小时安排大修。除设备制造厂家明确规定外，火电机组和混流式、轴流转桨式水轮机组大修间隔一般不超过 8 年，贯流式水轮机组大修间隔一般不超过 6 年。在申报检修计划时，应考虑下一年度至机组检修前的运行小时数。原则上按"下一年度机组运行小时数 = 前 3 年机组平均运行小时数 × 检修月份 ÷ 12"进行预估。

（四）检修全过程标准化

开展检修标准化管理，完善检修全过程管理体系，灵活运用机组检修管理模式。通过严格执行技术标准、简化管理流程、优化检修工艺，规范检修作业行为，提高机组检修工作效率和质量，实现检修全过程精益管理。

三、体系结构

管理者的领导能力以及员工的思想意识和素质是推行精益检修的关键因素，因此必须建立与之相适应的组织保障体系才能保证精益检修体系的推行。组织保障体系的建立重点从安全保证和技术监督两个体系建设方面入手。建设完善和有效运转相关制度，并配套建立确保两个体系有效运转的考核机制，才能逐步使检修精益管理工作达到"结构合理、定位准确、职责清晰、工作到位、执行有力、管控严格、工作闭环"的要求。

（一）组织机构建设

区域公司和发电企业均应成立精益检修组织实施机构。区域公司统一制定整体精益检修推行方案，全面管控区域精益检修推行和持续改善提升的组织、协调、检查、评价等工作；发电企业是检修精益管理的主体，要

按照精益检修体系的总体要求建立起必要的组织体系，结合企业实际制定检修精益管理实施方案、目标和计划，制定、落实精益检修体系的保障措施，确保目标的完成。企业各职能部门重点抓好检修安全生产、文明施工，技术方案的审核、质量控制的检查、过程质量的指导与对外协调等工作。

（二）制度建设

发电企业在推行检修精益管理工作中，宜制定或修订完善以下管理标准或办法：

（1）7S 治理成果常态化保持管理办法；

（2）设备缺陷管理制度；

（3）设备“四保持”管理标准；

（4）机组优化检修管理办法；

（5）备品备件管理办法；

（6）机组检修全过程管理标准；

（7）机组检修冷热态评价管理办法等。

（三）两个体系建设

1. 保证体系建设

建立完善、可靠的安全、质量和进度等保证体系，贯彻“谁检修谁负责”的原则。即要对自己所做的检修工作负责，对自己所修的设备质量负责，对自己所写的技术记录内容的正确性、真实性、完整性负责。精益检修质量保证体系建设可从以下几方面考虑：

（1）检修安全管理。按照“管生产必须管安全”的原则，签订安全目标责任书。不定期检查各级人员的安全履职意愿、能力、效果等，并与年度绩效挂钩，着力提升各级人员的安全执行能力。以定期安全大检查、安全互查互学、安全影像曝光等多样活动为平台，通过明察暗访、监督指导、奖惩兼顾的方式，确保安全措施落到实处，杜绝违章和伤害事故的发生。推行现场“KYT”（危险预知训练）活动，通过绘制 KYT 基础训练图例开展员工的日常风险训练，挖掘并建立“虚惊事件库”，运用 4R 法（也叫“四步循环法”）开展危险点分析和风险防控，通过“手指口述”的方式加以实践和落实，让全体作业人员明确危险因素及危险源，减少事故的发生。

（2）检修工艺质量管理。检修质量控制是指发电企业通过采取一系列作业技术和活动对各个过程实施控制，包括对质量计划、控制程序、文件和记录、不符合项等的控制。质量控制应以质量管理体系为基础，以设备治本攻坚、典型重复缺陷修复工作为载体，通过采取“望、闻、问、切”等方式及召开设备检修前分析会，制定科学的检修方案，有针对性地强化设备检修措施，并制定科学、合理的保障措施和激励措施。

（3）检修进度管理。结合现场实际情况，采用甘特图等图形手段制订详细的施工计划表，同时可采用关键路径法绘制检修网络图。检修期间持续对比实际进度和施工计划，对出现的偏差和主要制约因素进行分析，在关键节点进度得不到保证的情况下，应召开专题会，通过工序的优化、人力资源的合理配置、适当的激励机制等应对措施，保障项目总体进度可控、在控。

（4）检修现场管理。通过严格执行 7S 管理、定置管理等可视化管理内容，制定合理的检修定置图。规范检修现场的各精益检修管理展板、检修安全文化展板的布置，优化工器具、检修设备的堆放以及现场防护等，做到“三不落地”“工完料净场地清”，确保施工现场整洁。可采用公司系统内较为先进的检修管理“四个在现场”［即标准在现场（现场悬挂质量标准信息牌）、设备主人在现场（现场悬挂设备主人信息牌）、进度计划在现场（现场悬挂每日工作进度牌）、培训在现场（现场开展技术问答和技术考问活动）］的管理模式，强化设备主人责任制的落实。

（5）检修培训管理。结合区域检修设备的不断投入及对外市场的不断延伸，提前谋划，按照“干什么学什么”“缺什么补什么”的原则，分层次、分类别地开展生产人员培训。在培训方式上积极开展创新和自主实践，推行 OPL（One Point Lesson）点滴教育模式，提高员工参加培训的积极性和参与度，提升培训效果。

2．监督体系建设

生技部、安环部等各级质量监督人员应对设备检修质量、检修技术台账、现场安全管理等内容进行进一步核实和确认并对此负责，对检修设备的检验质量负责，对设备检修后的功能再鉴定与品质再鉴定结论负责。

（1）检修监督体制建设。成立机组检修组织机构，明确各部门、各级人员具体的监督标准、职责、方法和内容，对检修质量实施全过程监督指导，形成质量监督和项目实施相互监督、约束的机制。监督各专业的机组检修技术监督计划是否严格按照要求执行并形成闭环。质量监督机构原则上由负责生产的副总经理直接管理，实行质量保证与质量监督相对独立的质量控制体系。检修过程中成立质量监督组，成员一般为技术监督网成员，检修期间每日对检修设备进行监督巡查并在检修协调会上进行通报奖惩，在质量验收过程中对检修工艺质量负责。

（2）检修监督机制建设。采取“三级验收”模式，即班组—部门—厂部模式，加强质量监督体系与质量保证体系的相互监督，充分发挥其监督职能。同时，要明确质量监督体系的具体职责。根据质量策划确定控制对象，如检修项目、质量验收计划、检修程序、验收标准、备品验收等，编制质量手册。制定具体的控制方法，如检修文件包、检修工艺规程、检修作业指导书、标准作业卡等。明确检验方式及方法，检修质量控制采用质检点（W 点、H 点、P 点）验收、设备再鉴定和设备评定级等方式。必要时可引入检修监理制对检修质量进行跟踪检查、验证、记录。质量监督人员应按照质量检验验收计划的规定，对直接影响检修质量的 W 点、H 点进行检查和验证，所有项目的检修施工和质量验收应实行签字责任制和质量追溯制。若在检修过程中发现有不符合项，应填写不符合项通知单，并按相应程序处理。

（3）技术监督人才培养。发电企业普遍存在质量监督体系和质量保证体系边界不清晰、职责划分不明确，质量监督机构和质量监督队伍形同虚设、机制不灵活、结构不合理等方面的问题。在精益检修体系建设中，要重点加强质量监督体系队伍建设和人才培养，建立完善、合理的薪酬和考核机制，重点加强质量监督人员的综合素质培养和提升，在检修全过程管控方面发挥其积极的作用。

第三节 检修精益管理对策实施

检修精益管理应针对发电特点，结合电力企业供给侧结构性改革的形势，对标管理，判断各业务流程时间、人力资源、成本等要素的投入，寻找浪费点，确定改善内容。

一、改善措施

（一）维护精益管理改善措施

通过建立设备维护精益管理体系，强化设备全寿命周期管理，实践运维一体模式，不断提高设备的可靠性、经济性。

（1）优化缺陷管理制度，加强设备维护保养工作，建立有效的维护消缺考核机制，提高员工排查隐患和主动消缺的积极性，降低缺陷发生率。

（2）优化设备定期工作制度，明确各设备主人职责、工作标准、工作周期等要求，管理人员不断加强执行、检查、考核。

（3）不断提升精密点检技能水平，及时对设备运行指标进行精准监测，逐步完善状态监测手段、方法，发挥专家诊断系统的作用，分析设备运行趋势，提前采取措施进行处理，做到防患于未然。

（4）通过培训，不断提升人员专业技能、管理水平和故障分析能力。

（二）检修精益管理改善措施

1. 做好设备寿命评估

根据机组设备寿命评估结果，有针对性地实施检修项目或滚动计划项目，达到优化检修策略的目的。

2. 优化检修计划及项目制定

（1）优化检修计划。

①按照效益最大化原则，结合电力供需变化情况、季节特点、天气等统筹编制检修计划。

②优化检修关键步骤，合理调配检修资源，科学安排检修工期。

③综合考虑季节性天气特点，结合市场营销计划，超前考虑检修项目的前期准备因素，动态调整检修开工时间。

（2）优化检修项目。

①结合机组运行特点，充分利用机组停备用时机，有计划地组织开展年度反措、技术监督、强制定期检验（压力容器、计量设备等）、安评整改等工作。

②以设备检修策略为基础，根据设备评估及总体检结果，综合考虑设备检修方式与周期、机组运行方式、大小修计划、检修成本等因素，确定检修项目。

③优化检修项目要不断提高检修针对性，减少过修与欠修，杜绝照搬照抄检修计划，实现设备解体检修依据充分、方案合理、费用节省。

3. 完善检修用具管理

（1）加强对检修工具、机具、仪器的管理，建立检修用工器具、安全用具、常用工器具、特种设备台账。

（2）对检修工器具进行定期检查、保养和检验，并实行合格证制度，不合格的工器具不允许进入检修现场。

4. 提高检修工艺质量

（1）完善检修质量监督、质量保证体系，明确检修质量标准、工艺要求。

（2）以技术支撑、检修资源协调、全过程标准化管理、信息共享和考核评价为检修质量管控手段，严格执行“三级验收”管理制度，实现检修质量的管控目标。

（3）严格执行过程管理，通过检修文件包对检修工序进行细化、量化，实现检修程序化、标准化、规范化。

（4）推行检修现场7S管理，不断完善文明检修相关制度并及时组织开展各项活动，强化安全、文明检修的意识。

5. 优化检修文件包

（1）减少检修文件包编写、审核过程中的无用环节，提高效率。

（2）加强检修文件包的执行、检查、考核，提高检修作业标准化管理水平。

（3）建立检修文件包循环优化机制，保证检修文件包逐步更新完善，满足使用要求，发挥应有作用。

6. 做好总结、冷热态评价

（1）根据检修管理要求及时开展总结、评价工作。

（2）应从设备、系统、经济性等方面全面、科学地开展评价。

（3）加强专业技术人员培训，提高总结、冷热态评价水平。

7. 闭环技术资料管理

（1）根据检修工作情况，及时将检修文件资料补充到设备台账中，确保设备台账的时效性和系统性。

（2）及时修订检修工艺规程，确保其有效性。

（3）设备异动、重大更新和技术改造项目结束，应按要求进行图纸、台账、运行规程等技术资料修订、存档，受控管理后完成闭环验收。

（4）充分利用信息化管理手段提升技术资料管理水平。

二、标准化

（一）管理制度化

在检修精益管理中全面推行标准化管理，完善《机组检修全过程管理标准》《设备检修质量验收管理标准》《机组冷热态评价管理标准》《技术资料管理标准》等相关制度，使每项操作都有具体指导，每个环节都得到有效控制。

（二）流程信息化

建立机组精益检修信息化管理平台，实现信息共享，简化流转环节，节省流转时间，消除流程浪费。

（1）基于信息化技术的检修全过程标准化管控平台将检修管理模式固化在软件中，各级人员只要按照系统的要求逐步开展检修工作即可，可避免由于人员变换、人员流失导致检修全过程管理工作出现差异，保证检修准备工作和过程质量控制的稳定性。

（2）通过检修全过程标准化管控平台的使用，实现检修管理的数字化，将检修过程中产生的数据信息可靠、有效地积累起来，形成企业管理的无形资产。

（3）运用移动终端技术，实现将现场检修的解体、验收、增项等工作情况通过文字、图片、视频等多种形式及时回传反馈给大修管理人员，有效地帮助管理人员做出决策；同时，有效避免检修人员的数据重复录入，提高了数据的准确度和及时性，给一线作业人员提供了极大的便捷。

（4）智能视频技术、室内定位技术与检修管理业务的结合，延伸了软件系统使用范围的同时也切实解决了检修现场管理中存在的诸多问题（如代办问题，监护不到位问题，习惯性违章及关键检修过程的安全、质量实时监控问题等），提高了检修全过程安全、质量双控的能力。

第三章　检修精益管理实践应用

【案例3－4】　“3＋1”精益管理助力全年四管“零”非停

一、选题背景

可门发电公司现有装机4×600MW，锅炉为上海锅炉厂制造的超临界参数变压运行螺旋管圈直流炉，单炉膛、一次中间再热、四角切圆燃烧方式、平衡通风、π型露天布置、固态排渣、全钢架悬吊结构。

（一）“四管”防治工作任重道远

2016年华电集团火电共发生强迫停运152台次，其中锅炉“四管”爆管所致45台次，占比29.6%。

（二）火电生产经营压力大

全国煤价持续上涨高位运行，火电经济效益下滑。锅炉掺烧劣质煤，机组变负荷频繁。

（三）大力推行精益管理

2016年起可门发电公司大力推行精益管理，防磨防爆领导小组以问题为导向，对疑难杂症开展精益管理专项研讨和攻关。

（四）避免爆管创效益

结合精益管理大力推广契机，将锅炉“四管”防磨防爆管理工作经验提升并固化成果，创造经济效益。

二、现状诊断

可门发电公司锅炉故障导致爆管缺陷现状调查情况（2008—2016年）如表3－8所示。

表 3－8　2008—2016 年可门发电公司锅炉故障导致爆管缺陷现状调查表

年份	缺陷					
	01 氧化皮/次	02 磨损减薄/次	03 应力拉裂/次	04 母材缺陷/次	05 掉焦砸伤/次	爆管次数/次
2008	1	1	1	0	0	3
2009	1	1	1	0	0	3
2010	1	0	0	0	0	1
2011	5	1	1	0	0	7
2012	1	1	0	0	0	2
2013	0	1	0	0	0	1
2014	2	0	1	0	0	3
2015	1	0	0	1	1	3
2016	0	0	0	0	0	0
总计	12	5	4	1	1	23

从表 3－8 可知，氧化皮造成的爆管次数占总爆管次数的一半多，其次是磨损减薄、应力拉裂、母材缺陷及掉焦砸伤。

2008 年 4 台机全投产，至 2016 年期间可门发电公司总计爆管 23 次。按每次爆管检修花费 20 万元、启停机花费 100 万元计算，共损失 2760 万元（这还未计算发电量减少造成的效益损失），因爆管造成年均直接损失约 307 万元。

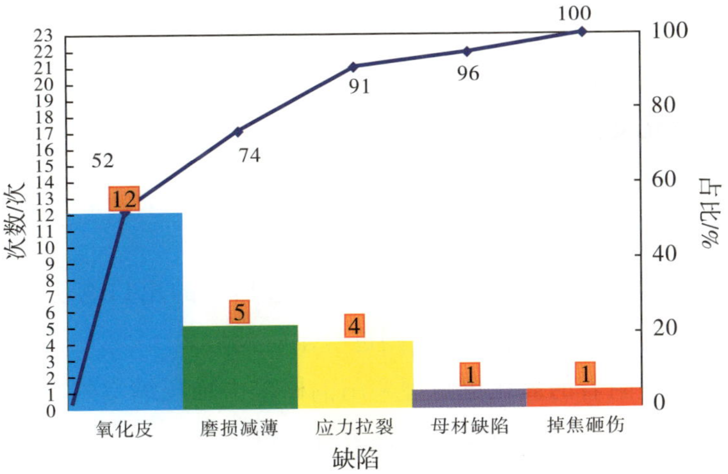

图 3－24　锅炉爆管主要缺陷诊断

三、目标制定

对锅炉“四管”检修、运行、技术管理进行“3+1”精益优化，即理念创新、模式创新、技术创新、细节管控，助力可门发电公司实现全年四管“零”非停目标！

四、原因分析

锅炉爆管原因分析如图 3－25 所示。

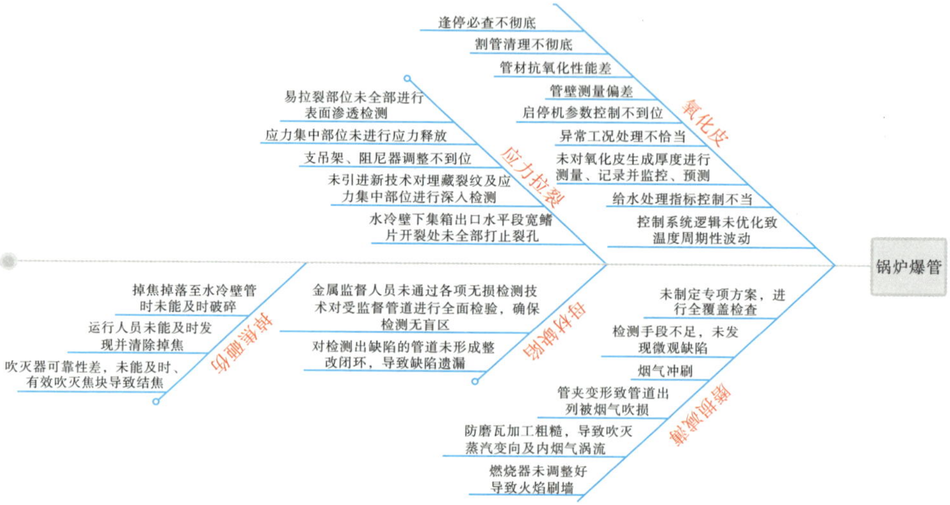

图 3－25　锅炉爆管原因分析

五、改善措施

（一）氧化皮防治措施

1. 锅炉检修措施

（1）理念创新。

①对末级过热器、末级再热器、屏式过热器的出口弯头进行氧化皮 100% 无损检测，堵管率超过 20% 则进行割管清理。

②管道内壁附着的氧化皮清理采用铜棒敲击加压缩空气吹扫方式进行清理并装袋称重；使用内窥镜确认是否有残留。

③在炉膛内部末级过热器、末级再热器管屏上增设壁温测点，与大罩壳内壁温测点进行温度比对（实际差值30～50℃为正常范围），能更精准地对壁温进行判断和控制。

（2）技术创新。

末级过热器、末级再热器所有管屏全部升级为更耐高温的TP347HFG、SUP304H+内壁喷丸管材，提高蒸汽侧抗高温氧化性能。

2. 集控运行措施

（1）控制模式创新：启机参数精益控制。

①锅炉点火前各水冷壁和主热汽温、再热汽温均升到100℃以上，高旁、低旁投入运行，过热器和再热器建立水循环，使得各壁温更可控，避免过热器、再热器干烧。

②启机过程，升温速率按小于1.3℃/min控制。

③过热器、再热器出口蒸汽温度左右偏差不超过10℃。

④屏式过热器出口蒸汽温度左右偏差不超过20℃。

⑤按照温度高点控制蒸汽温度，锅炉水平烟道左右侧烟温差不大于35℃。

⑥锅炉启动后一周内，向福建省电力调度中心申请维持高负荷（≥500MW），进行大流量冲洗氧化皮。利用锅炉PSSS系统（炉内高温管屏安全性在线监测系统）控制吸热偏差Kr系数保持在1.15～1.25之间，保证Kr系数最高点在左侧屏而不在中间屏。

⑦若上述汽温波动速率超过20℃/5min，则降低机组的升、降负荷速率，待温度稳定后再继续。

⑧开机后末级过热器、末级再热器汽温先按560℃（比额定值降10℃）控制，带500MW以上负荷运行7天后，再按每天升2℃直至升至额定值。

2017年6次开机过程均未出现氧化皮脱落造成的超温，效果显著！

（2）控制模式创新：停机参数精益控制。

①机组停机过程中控制主热汽温、再热汽温温降速率小于1℃/min，压降速率小于0.1～0.2MPa/min。

②停炉后闷炉采用（48+10）h自然通风方式，锅炉放水完毕前不进行锅炉自然通风。

③停炉后采用热炉带压放水，当汽水分离器压力下降至1.6MPa时开启水冷壁、省煤器进口集箱放水门，带压将水排空；汽水分离器压力下降至0.1MPa以下时，关闭主、再热系统所有排大气疏放水门及放空气门，开启主再门前疏水门及高低压旁路，对锅炉受热面进行真空余热烘干60min，真空余热烘干后，降低汽机压力抽真空至60kPa，开启省煤器出口空气门、分离器空气门，进行60min空气置换工作。空气置换结束后，关闭省煤器出口空气门、分离器空气门，开启主再门前疏水门和高低压旁路，对锅炉受热面抽真空60min。热炉放水结束后，关闭与炉侧系统有关联的所有疏水及空气门，进行密闭冷却。

2017年1号锅炉、3号锅炉检修，弯头检测均未发现大量氧化皮脱落，效果显著！

（3）指标竞赛精益控温如表3－9、表3－10所示。

表3－9 机组运行中末级过热器、末级再热器蒸汽温度控制值

机组	末级过热器蒸汽温度控制值/℃	末级再热器蒸汽温度控制值/℃
1号机组	571	569
2号机组	571	569
3号机组	571	569
4号机组	571	569

控温原则：汽温控制服从壁温控制。

表3－10 末级过热器、末级再热器炉外壁温控制值

部件名称	管屏序号	1号炉、2号炉、3号炉、4号炉炉外壁温控制值/℃
末级过热器	1号管、2号管、4号管、6号管	608
	3号管、5号管	608
	7～12号管	608
末级再热器	1号管	610
	4～6号管、11～16号管、17～18号管	610
	7～10号管	610
后屏过热器	1～3号管	560
	4～21号管	545
分隔屏过热器	1～9号管	520
低温再热器	1～16号管	520

（4）控制模式创新：异常工况控温。

①当汽温、壁温波动速率超 20℃/5min 时，例如一次风机、捞渣机、磨煤机、给水泵等重要辅助设备发生 RB（辅机故障减负荷）工况后，则立刻回到“开机模式”进入一周特护期！

②控制汽温、壁温温变速率不高于 1.4℃/min，工况大幅度扰动后，将负荷稳定 30min 再进行调整。

③主蒸汽温度降 10℃，观察一天后决定是否采取“降温运行保持一周，然后每日升 2℃至正常值”的措施。

④保持上煤煤种稳定，采用高熔点煤种，防止锅炉结焦。

⑤向福建省电力调度中心提交高负荷吹扫申请，保持高负荷运行。负荷稳定在不低于 500MW 运行，严禁投 AGC（自动发电控制）运行。

⑥过热器二级减温水禁用。

⑦火焰中心不偏斜，利用 PSSS 系统控制吸热偏差 Kr 系数不超过 1.25。

2017 年按新模式处置异常工况 8 起，均未造成氧化皮脱落超温，效果显著！

3. 金属监督措施

每次检修期间割管取样送检、测量并记录取样管的氧化皮生成厚度、重量，如图 3－26 所示。通过监控及总结规律预测氧化皮的脱落周期，并成功预防。2017 年各台锅炉均未因氧化皮在运行中脱落造成管壁超温。

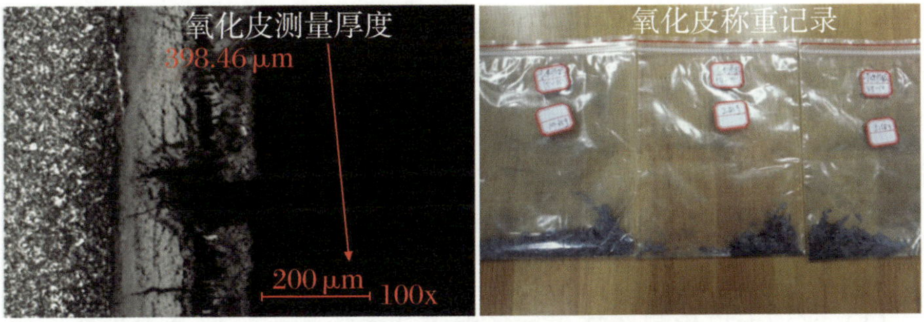

图 3－26　氧化皮生成厚度、重量

4. 化学监督措施：给水处理低氧运行

（1）控制主蒸汽氧浓度不超过 10μg/kg；

（2）除氧器入口氧浓度 10～30μg/L，除氧器出口氧浓度 10～30μg/L；

（3）省煤器入口氧浓度 10～30μg/L，pH 值控制在 9.0～9.2；

（4）SC 控制在 2.5～4.5μg/cm。

停机检查热井氧化皮明显减少。

5. 热工控制措施

（1）调节：提高给水，一、二级过热减温水，再热器减温水调节品质，减小系统温度的周期性波动幅度和速率。不断完善热工自动控制系统，进一步优化机组协调系统的逻辑。

（2）合格率：锅炉检修期间，安排对管壁集热块安装焊接工艺是否有效紧密贴合进行排查，确保温度测量数据准确。按时送检相关计量器具，确保测量值传递准确、灵敏、可靠。

（3）投入率：与“四管”相关的主要仪表、自动调节系统、热控保护装置热控人员每天至少巡检一次，确保设备可靠地投入运行。

（二）减薄措施：锅炉检修措施

1. 细节控制

（1）吹灰器提升阀结合面定期滚动研磨，确保吹灰器不内漏，保证周边四管不吹损。

（2）对所有易受烟气冲刷区域浇筑耐火浇筑料，避免烟气冲刷。

（3）对无法做浇筑料覆盖又易受烟气冲刷的管道进行超音速防磨喷涂处理，减缓烟气冲刷。

（4）对四角切圆燃烧器进行精益检修，精调一次风喷嘴、二次风喷嘴、SOFA（分离燃尽风）风喷嘴同层摆动角度偏差，确保锅炉燃烧切圆良好。检修后进行动力场烟花示踪试验验证，防止火焰冲刷水冷壁墙。

2. 技术创新

（1）采用无损检测新技术远场涡流技术检测水冷壁管内外壁磨损减薄、腐蚀减薄及裂纹等缺陷的大小、位置和深度。大面积检测时采用机器人检测。

（2）对旧型管夹进行设计改造，新型管夹能确保各管排不变形出列，避免出列后被吹灰蒸汽吹损或被烟气冲刷减薄。

（3）对旧型防磨瓦进行设计改造，通过增加加工工序，让防磨瓦半圆面能与所扣管道进行无间隙贴合，有效避免吹灰蒸汽吹向旧型防磨瓦后折向吹损后方相邻的第二、第三排管道。

（三）拉裂措施：锅炉检修措施

1. 理念创新

（1）制定有针对性的检查方案，对炉膛内部易拉裂部位表面进行100%渗透探伤。

（2）对燃烧器四角上下部筋板与水冷壁焊接处易拉裂部位全面进行应力释放。

（3）委托电科院在热态时全面检查锅炉四大管道支吊架存在的问题，并在大修期间对四大管道的所有支吊架、阻尼器进行全面检修、调整，最终出具专项技术报告。

2. 细节控制

对水冷壁下集箱出口水平段管道易被宽鳍片拉裂位置全部打止裂孔。

3. 技术创新

（1）采用无损检测新仪器磁记忆检测仪对集箱角焊缝易应力集中区进行全面检测并记录数据变化。

（2）采用远场涡流技术对水冷壁易拉裂处进行裂纹检测。

（四）母材措施：金属监督措施

（1）金属监督人员使用各项无损检测技术对受监督管道进行全面检验，确保检测无盲区。对技改管屏生产过程进行全面监督。

（2）金属监督人员对检测出缺陷的管子立即下达整改通知，并在整改合格后再次验收闭环，确保缺陷无遗漏。

（五）掉焦措施

1. 锅炉检修措施

技术创新：可门发电公司自行设计在落渣口处斜坡段水冷壁宽鳍片上加焊设置防砸不锈钢钉，在掉焦落下时能在焦块接触到水冷壁管之前将其破碎。

2. 集控运行措施

细节控制：每班巡查锅炉结焦情况，及时采用除焦剂除焦，防止大焦形成后掉落砸伤管子。

六、成果展示

在可门发电公司领导的正确指导及青年突击队的共同努力下，可门发电公司的4台锅炉自2017年运行至今未发生因锅炉“四管”泄漏造成的机组非计划停运，锅炉“四管”精益管理取得显著成效！

有形效益：按每台机组每年减少0.5次非计划停运，每次抢修时间7天计算，则

直接减少发电效益损失=4×600000kW×24×7（抢修天数）×0.75（75%负荷率）×0.5次×0.06元（度电边际贡献）÷10000元=907.2万元

直接减少检修、启机费用=20万元/（台·次）×4台×0.5次+100万元/（台·次）×4台×0.5次=240万元［按最低检修费用20万元/（台·次），机组启停直接费用100万元/（台·次）计算］

项目每年节约效益=907.2万元+240万元=1147.2万元

无形效益：培养了一大批年轻的“四管”精益检修，精益燃烧调整及金属、化学人才。技术得到有效传承！（图3－27）

图3－27 青年突击队

七、标准化

1. 修订原有标准化文件条款

对原有标准化文件条款进行修订，修订相关管理办法条款 52 项，文件如下：

(1)《福建华电可门发电有限公司锅炉高温受热面氧化皮防治实施细则》；

(2)《福建华电可门发电有限公司锅炉“四管”防磨防爆管理规定》；

(3)《福建华电可门发电有限公司金属技术监督管理实施细则》；

(4)《福建华电可门发电有限公司运行超温管理办法》；

(5)《福建华电可门发电有限公司化学监督管理规定》。

2. 优化防磨防爆工作管理流程

优化防磨防爆工作管理流程如图 3-28 所示。

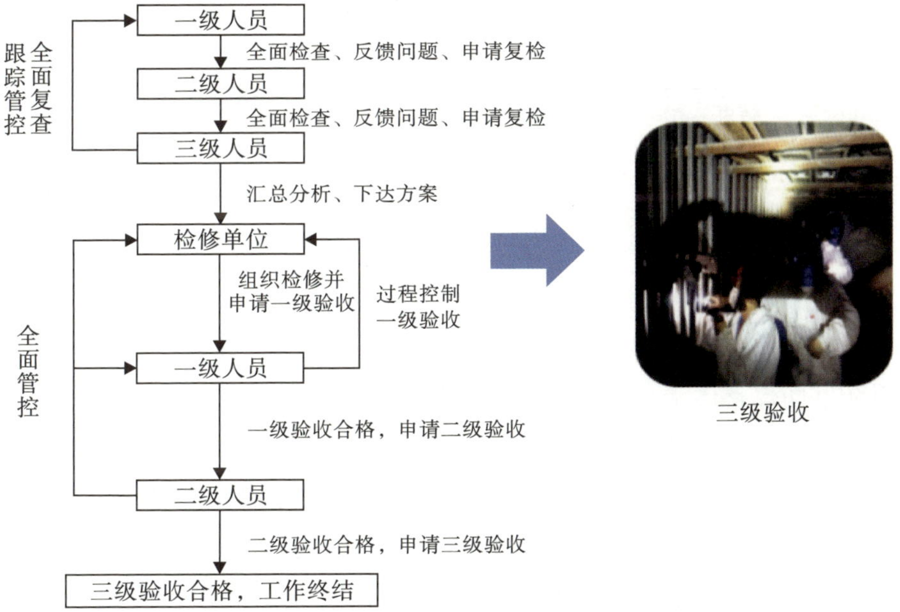

图 3-28　优化防磨防爆工作管理流程

3．优化防磨防爆奖惩流程

优化防磨防爆奖惩流程如图 3－29 所示。

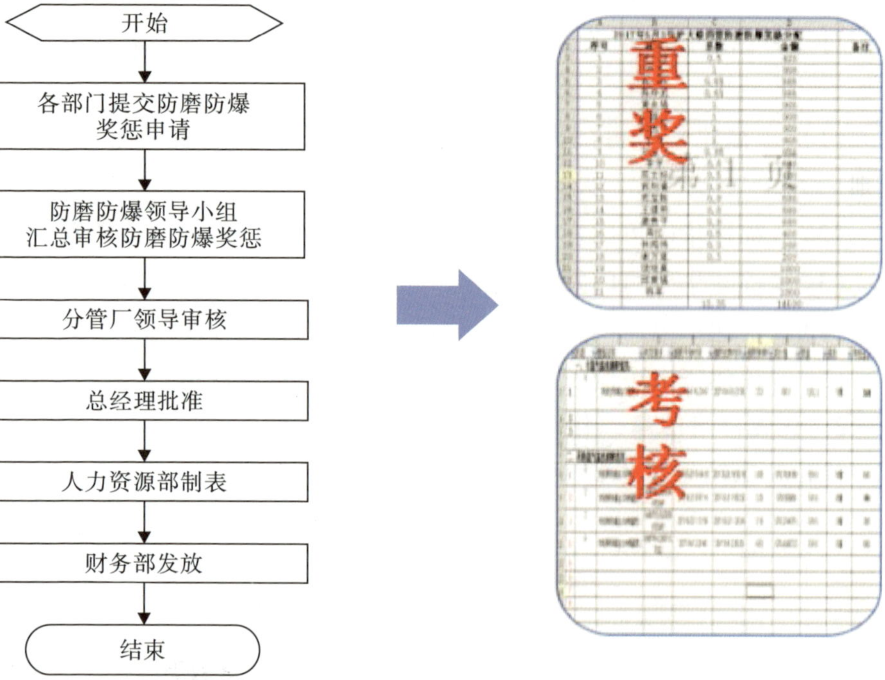

图 3－29　优化防磨防爆奖惩流程

八、持续改善

（1）通过调研兄弟单位先进的管理、技术经验，吸收、归纳、总结以提升防磨防爆整体水平。

（2）通过引进无损检测新技术，提高锅炉“四管”缺陷检出成功率。

（3）通过引进先进电子信息管理系统，完善锅炉“四管”防磨防爆管理系统信息录入、存档、调阅及寿命评估。

（4）不断完善锅炉“四管”防磨防爆培训基地建设，让技术得到有效传承。

（5）利用微信等信息平台拓宽知识获取渠道并学以致用。

（本案例由可门发电公司提供）

【案例3－5】 立式混流水轮发电机组改造机械部件安装精益管理

一、课题背景

2013年华安水电厂启动一厂机组改造项目，1号机组改造全部由外委单位施工完成。从2016年开始，为了能够在改造中出经验、出人才，摆脱老厂技术断层的困难局面，该厂3号、4号机组采取了自主改造的方式。针对3号、4号机组自主改造中发现的问题，公司副总经理挂帅，组织成立了以部门为核心的厂部、部门、班组三级精益团队，希望能够在2号机组改造过程中消除浪费、创造价值。

二、诊断

（一）课题诊断

2号机组自主改造是该厂2018年高效能管理的重点工作，通过运用精益管理工具分析、改善，高质量完成了2号机组改造工作。围绕2号机组改造，检修部3个专业共开展了8个课题，其中机械部件安装精益管理这个课题在工期方面的可塑性最大，我们对此课题展开了深入分析。

（二）现状诊断

现状诊断主要从定子机座安装、导水机构预装、基础数据测量、底环过渡板焊接这4个方面展开。

（三）目标制定

华安水电厂一厂机组改造项目制定课题目标如图3－30所示。

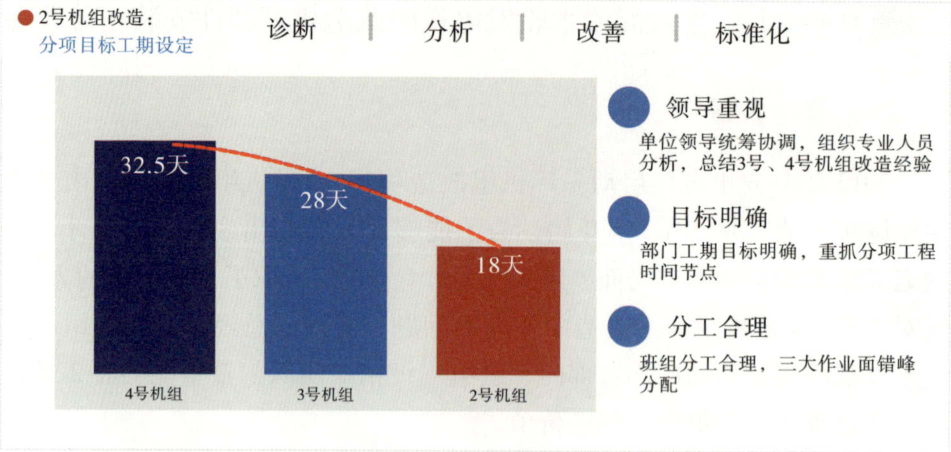

图 3－30　制定课题目标

三、原因分析

（一）人员缺乏改造经验

检修部机械专业人员只有 3 号、4 号机组的自主改造经历，改造经验严重缺乏。

（二）安装流程浪费多

我们对导水机构预装进行了价值流程分析。将导水机构全部吊入基坑大约需要 207 分钟，中间等待浪费 75 分钟。包括单次对座环水平进行处理大约需要 602 分钟。所有部件就位后，如果导水机构的技术指标不符合要求，就要重新吊出所有设备。这就造成工作量翻倍、人员等待和改造时间浪费。

我们对定子机座的安装流程进行分析也发现了类似问题。

（三）未采用新工艺、新方法

原来的测量方式是利用测量构架延伸板，配合内径千分尺沿测量座环的水平数据。这种测量方式主要有以下缺点：机组座环经过近 40 年的腐蚀，表面凹凸不平，造成测量数据误差大；数据误差大在无形中增加了机组安装难度，同时水平、高程数据误差大也会影响机组整体的安装质量。

图3－31所示为因为测量数据误差造成螺栓孔移位，现场对设备进行处理造成0.5～3天不等的时间浪费。

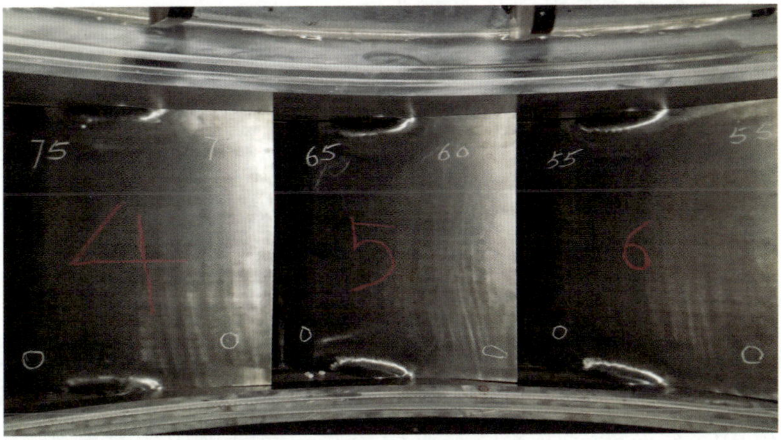

图3－31　测量数据误差

（四）未结合现场实际制定应对措施

底环过渡板焊接完成后需要将转轮以及导水机构全部吊入基坑，组装后分析导水机构的安装数据，检查焊接的变形情况。该厂3号机组自主改造，当时变形最大的地方变形量有1.5mm，远超过允许的0.2mm。处理时就要把安装好的设备全部拆除，进行底环过渡板打磨，这个过程导致工作量翻倍，时间也会延长2～3天。同时，3号、4号机组改造都没有根据变形情况制定应对措施，造成重复搬运以及时间浪费。

（五）要因归纳

针对改造过程中汇总的这些问题，我们利用头脑风暴法，把要因归纳为人（缺乏改造经验）、机（设备安装、处理流程浪费）、法（未采用新工艺、新方法）、环（未结合现场实际制定应对措施）4个方面。

四、改善阶段

（一）人员改造经验缺乏对策实施

针对人员改造经验缺乏的情况，在2号机组改造前，结合安装作业指导书、文件包等内容对专业人员进行了2次专项培训，同时在改造期间召开的

11次精益管理周例会、17次班组安全日活动都涉及对专业人员的培训。人员技能的提高、改造经验的积累，在机组改造中起到了很好的作用。

（二）设备安装流程优化对策实施

针对导水机构预装、定子机座安装的流程，我们运用SMED（快速换模）快速切换法，将导水机构预装放到定子机座安装之前，把由于设备问题造成的返厂加工变换为外作业，消除了等待浪费。

同时对导水机构预装原有流程的价值进行分析，发现只需吊入底环过渡板、底环、顶盖，通过测量顶盖与底环之间的开档值，即可推算导叶的端面间隙。这样就节省了活动导叶来回吊装的112分钟。

如果测量出的开档值不满足要求，可以将顶盖作为受力点，用手拉葫芦把底环与过渡板一同拉高，对座环进行打磨。采用这种安装方式后，2号机组仅用时6天就完成了导水机构预装，同时采用边打磨边测量的方式，节约改造前立项的座环打磨费用近20万元。

同样地，把原来固定在定子机座上的过渡板改为固定在基础板上，如果测量的高程数据不满足要求，可直接把过渡板拆掉进行处理。中间消除了吊装定子机座过程中的搬运浪费和等待浪费，优化后机组定子机座从清洗、组圆到安装完成只需2天。

（三）新方法、新工艺方面对策实施

组织专业人员与机组制造厂家协调沟通，及时学习新方法、新工艺。2号机组改造底环过渡板螺栓孔采用环氧板“号孔”的方式进行测量，保证了设备无偏孔现象。同时座环水平测量采用连通器原理，在测量平面均布8个容器，对容器内的水面高度进行测量，即可测出水平数据。

新方法、新工艺的使用使2号机组的测量工期缩短为4.5天，同比3号、4号机组分别减少2.5天、3.5天。

（四）结合现场实际环境方面对策实施

在2号机组改造底环过渡板的焊接作业中，在焊接前制定了专项作业指导书，焊接过程中将顶盖作为受力点，用4个千斤顶配合4根撑杆对底环过渡板进行固定。焊接前、后分别测量顶盖到底环过渡板之间的距离，采用对边同时焊接的方法，监测、矫正焊接变形情况，反复调整千斤顶和

焊点的位置，以使变形量最小。

这种焊接作业方式在2号机组改造中取得了很好的效果，保证焊接变形量在0.05mm以内，单项工期3天。

（五）效果确认

经过对这些工序进行优化改进，完成2号机组改造这4个分项工程的总工期为15.5天，同比3号、4号机组分别减少17天、12.5天，比计划工期提前2.5天。

2号机组在2018年12月30日完成72小时试运行，算上所有改造时间以及加班量，2号机组改造总的实际工期为150天，同比3号、4号机组分别减少9天、36天。

经济效益方面，2号机组4台机器每台机器每天的平均发电量在8.8万kW·h左右，30天乘以上网电价0.24元/（kW·h），相比3号、4号机组，经济效益分别增长40万元、97万元。折合汛期满发，相比3号、4号机组，经济效益分别增长164.16万元、397.44万元。

五、标准化

机械部件安装精益管理课题共形成定子机座安装流程规范、导水机构预装工序规范、基础数据测量方式优化、底环过渡板焊接工艺指导书4个标准化成果。

（本案例由华安水电厂提供）

【案例3-6】 沿海高山风电场提高集电线路可靠性

一、前言

（一）连江风电公司“1236”精益管理理念

连江风电公司规划建设44台2.0MW风电机组，总装机88MW。2016年1月15日首批风机并网发电，2018年8月4日共已投产40台风机。该风电场依山傍水，气候和地理优势得天独厚，天时、地利、人和，连江风电公司提出“1236”精益管理理念，力求做到“本质安全，度电必争”（图3-32）。

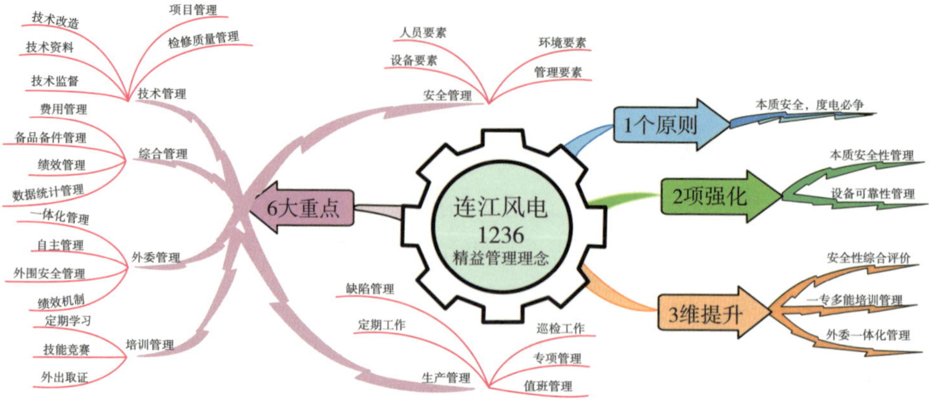

图 3-32　连江风电公司“1236”精益管理理念

（二）连江风电场集电线路简介

连江风电场位于连江县安凯乡，占地面积约 5.2 km^2，共设五回 35kV 集电线路将各风机与升压站相连，线路总长 25.8km，共有杆塔 100 基，其中水泥杆 10 基，海拔 82～442m，属海边 e 级污秽区，设计最大风速 37m/s，线路运行时间约 60 个月。风电场地形、地貌复杂，地处全国雷暴高发区和台风多发区，年均雷暴天数达 57.6 天，台风影响次数达 3.4 次，极端天气严重威胁集电线路的安全、稳定运行（图 3-33）。

图 3-33　连江风电场风电风光

二、诊断

（一）集电线路事故分类

常见的五类集电线路事故为雷击跳闸、大风故障、外力破坏、设备故障、工艺不良。

（二）集电线路跳闸情况分析

2018 年上半年连江风电公司发生 3 起集电线路故障跳闸时间超过 24 小时的事故，被福建公司认定为一类障碍。2016—2018 年，集电线路故障中雷击故障和大风故障占 64%（表 3 – 11）。

表 3 – 11　2016—2018 年集电线路故障原因对比分析

年份	分类					合计/次
	雷击故障/次	大风故障/次	外力破坏/次	设备故障/次	工艺不良/次	
2016	0	4	1	0	2	7
2017	0	0	0	0	0	0
2018	3	0	0	1	0	4
合计	3	4	1	1	2	11

集电线路跳闸产生的影响：

（1）连江风电场自 2015 年 12 月投产以来 35kV 集电线路已发生 11 起跳闸故障，造成较大经济损失（图 3 – 34）。

（2）2018 年 1—4 月连续发生 4 次跳闸事故，福建省电力调度中心约谈连江风电公司总经理。

（3）2018 年连江风电公司因集电线路跳闸被福建公司统计一类障碍 3 次，超过 3 次将影响连江风电场的绩效考核（表 3 – 12）。

表 3 – 12　福建公司 2018 年不安全事件认定表

序号	事件名称	性质
1	分布式能源公司“1・20”燃机润滑油泄漏停机	一类障碍
2	连江风电公司“1・26”35kV C 组集电线路跳闸	一类障碍

（续表）

序号	事件名称	性质
3	福清风电公司“2·14”25kV C组集电线路跳闸	一类障碍
4	周宁能源公司“3·4”1号机组失磁停机	一类障碍
5	邵武水电公司“3·10”220kV 线联形状跳闸	一类障碍
6	高砂水电公司“4·10”3号机组机轮叶片操作机构故障	一类障碍
7	连江风电公司“4·12”D组集电线路跳闸	一类障碍
8	连江风电公司“4·13”C组集电线路跳闸	一类障碍

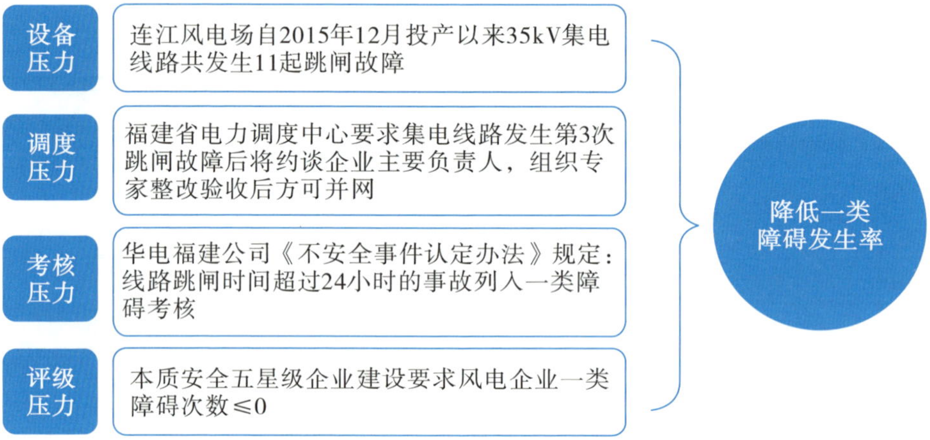

图3－34　一类障碍考核指标

（三）连江风电公司集电线路2018年上半年故障情况

连江风电公司集电线路2018年上半年故障情况如表3－13所示。

表3－13　连江风电公司集电线路2018年上半年故障情况

年份	时间	设备	故障类别	时长/小时	事故定性
2018	1月26日23：00至1月28日18：13	C组集电线路	避雷器故障+多次雷击跳闸	43.2	一类障碍
	3月6日03：37至3月6日16：57	D组集电线路	避雷器故障+多次雷击跳闸	13.3	异常

（续表）

年份	时间	设备	故障类别	时长/小时	事故定性
2018	4 月 12 日 22：35 至 4 月 14 日 15：00	D 组集电线路	雷击跳闸	40.4	一类障碍
	4 月 13 日 02：47 至 4 月 14 日 15：00	C 组集电线路	雷击跳闸	36.2	一类障碍

（四）集电线路故障设备损坏情况

集电线路故障设备损坏情况如图 3－35 所示。

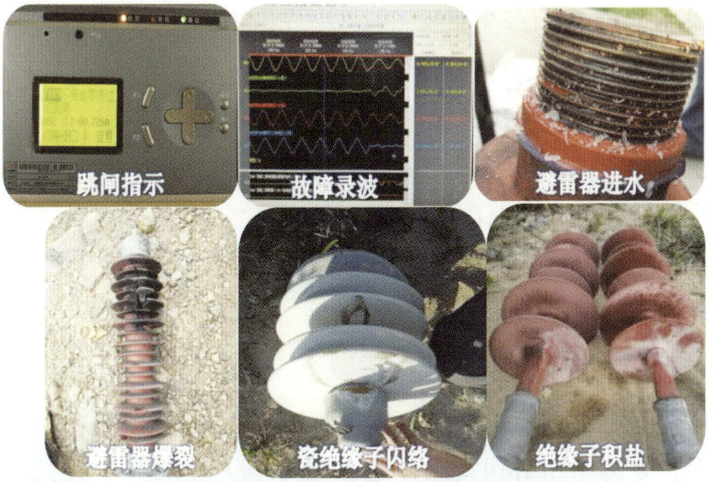

图 3－35　集电线路故障设备损坏情况

（五）制定目标

（1）减少发生集电线路跳闸故障；

（2）确保 24 小时内抢修结束；

（3）实现 2018 年下半年不发生一类障碍。

三、分析

运用全流程分析、思维导图、头脑风暴等多种精益管理工具，对设备全寿命周期管理各环节进行分析（图 3－36）。

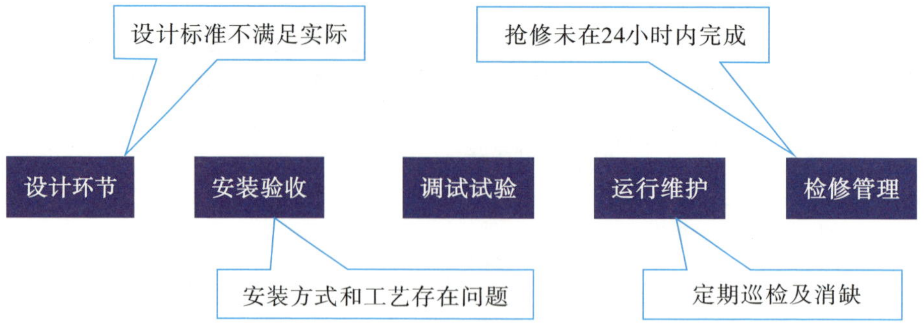

图 3-36 设备全寿命周期管理各环节分析

（一）设计环节原因分析

1. 未充分考虑高山强雷区

35kV 电压等级绝缘子和避雷器防雷能力弱（要因）；跳线陶瓷绝缘子爬电比距不足；部分杆塔接地电阻未达到小于 10Ω 的要求。

2. 未充分考虑沿海盐雾天气

绝缘子积盐易引起线路闪络跳闸。

3. 线路设计防风偏能力不足

B7～B9 杆塔为设计超标大跨距线路，风偏安全距离不足。

（二）安装验收环节原因分析

对安装验收环节大的人、机、环、管四大因素进行分析。

（1）人：安装队伍分包现象严重，安装工人技术水平低。

（2）机：避雷器、绝缘子质量差（要因），电缆终端头损坏。

（3）环：山高林密安装困难，微风化岩区土壤电阻值高。

（4）管：安装质量技术监督力度差，安装监理验收把关不严。

（三）运行维护环节原因分析

运行维护环节原因分析如表 3-14 所示。

表 3-14 运行维护环节原因分析

项目	方向	原因分析	要因确认	结果
运行维护	人	生产管理体系不健全	缺乏生产管理体系保证，技术人员只有 2 人	要因

（续表）

项目	方向	原因分析	要因确认	结果
运行维护	人	定期巡检工作不到位	线路未做到定期开展测温工作	要因
		专业检修队伍未落实	检修队伍已落实	
	机	巡检检测仪器缺失	已有红外测温仪	
	环	线路走廊树枝与线路近	个别杆塔和导线附近 30m 内树枝多	要因
		山高林密巡检道路不通	已有施工通道	
		沿海 e 级污秽区，避雷器及绝缘子易积垢污闪络跳闸	检修发现避雷器及绝缘子有大量盐垢	要因
		天气影响红外成像效果	可利用阴天湿冷天气进行	
	管	提高技术管理水平	技术管理基本到位	

（四）检修管理环节原因分析

检修管理环节原因分析如图 3－37 所示。

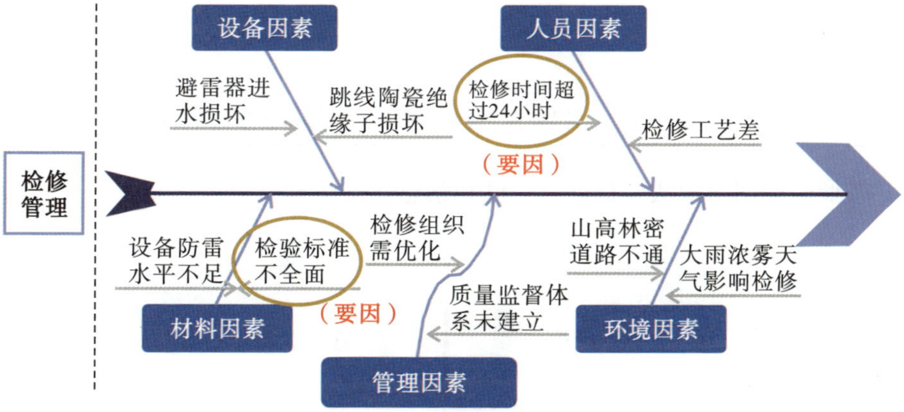

图 3－37　检修管理环节原因分析

四、改善

（一）制定对策表

制定对策如表 3－15 所示。

表3-15 制定对策表

序号	要因	制定对策	对策分类
1	生产管理体系不健全	建立健全安全生产监督和保障体系	加强组织保障
2	定期巡检工作不到位	每月开展高负荷时段红外成像测试	严格定期工作
3	35kV电压等级标配绝缘子和避雷器防雷能力弱	提高避雷器通流能力	优化设计选型
4		绝缘子更换成66kV电压等级	优化设计选型
5		安装压缩灭弧防雷装置	优化设计选型
6	沿海e级污秽区，避雷器及绝缘子易积垢污闪络跳闸	定期清洗避雷器及绝缘子	严格定期工作
7	线路走廊树枝与线路太近	定期清理线路走廊	严格定期工作
8	检修时间超过24小时	成立分公司领导为组长的抢修组织机构	强化24小时抢修
9		利用故障录波系统，判断故障杆塔大概位置	强化24小时抢修
10		集中力量分组、分段排查故障点	强化24小时抢修
11	设备检测标准过低	提高避雷器、绝缘子检测标准和频率	严格定期工作

按照时间四象限法，根据重要性和紧急性排序分步实施对策（图3-38）。

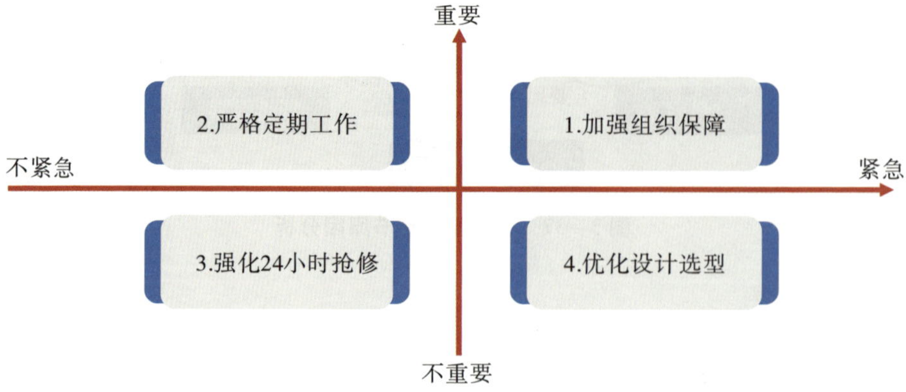

图3-38 时间四象限法

（二）方案实施

1. 加强组织保障

依托福建公司，连江风电公司建立健全安全生产监督和保障体系，成立安全生产部和运行维护部，配齐技术专责和运维人员，各项管理逐步规范化、制度化。

2. 严格定期工作

（1）每月开展高负荷时段红外成像测试。

（2）定期清理线路走廊。

（3）定期清洗避雷器及绝缘子。

（4）提高避雷器、绝缘子检测标准和频率。

①将金属氧化物避雷器绝缘电阻检测标准从 1000MΩ 提高到 2000MΩ；泄漏电流检测标准从 50μA 降低到 30μA。

②将绝缘子绝缘电阻检测标准从 300MΩ 提高到 1000MΩ。

③将绝缘子检测频率提高到每年 1 次。

3. 强化 24 小时抢修

（1）成立以该厂总经理为组长的抢修组织机构。

（2）集中力量分组、分段排查故障点。

（3）利用故障录波系统，判断故障杆塔大概位置。

4. 优化设计选型

（1）提高避雷器通流能力。

（2）绝缘子由 35kV 电压等级更换成 66kV 电压等级。

（3）安装压缩灭弧防雷装置。

（三）效果评估

1. 2018 年 7—8 月连江风电公司集电线路故障情况

2018 年 7—8 月连江风电公司集电线路故障情况如表 3 - 16 所示。

表3－16　2018年7—8月连江风电公司集电线路故障情况

年份	时间	设备	原因	检修时长/小时	故障类别
2018	7月11日09：30至7月12日14：04	D组集电线路跳闸	超强台风	8（扣除台风时间）	/
2018	7月11日09：50至7月12日19：16	B组集电线路跳闸	超强台风	13.2（扣除台风时间）	/
	8月15日00：00至8月15日17：50	D组集电线路跳闸	雷击故障	17．8	异常

2．经济效益

由于抢修及时，按照每台风机平均增加10小时有效运行时间计算，每台风机容量为2MW，每回线路10台风机，三起集电线路跳闸抢修共节约时间30小时，可提高发电量60万kW·h，本风电场上网价0.61元/（kW·h），即减少经济损失36.6万元。

提高电量＝单台风机容量×台数×可利用小时数×跳闸次数＝2000×10×10×3＝60（万kW·h）

节约损失＝损失电量×上网电价＝60×0.61＝36.6（万元）

3．社会效益

环保效益：节约标煤185t，减少二氧化碳排放约124t。[注：煤耗按309g/（kW·h），碳排放系数0.67]

社会效益：未发生福建省电力调度中心事故约谈及不许可并网事件。

安全效益：未发生一类障碍。

五、标准化

连江风电公司将精益管理的成果转化成规程、制度、方案，目前已提出了4A标准化技术规范共计12项，如图3－39、图3－40所示。

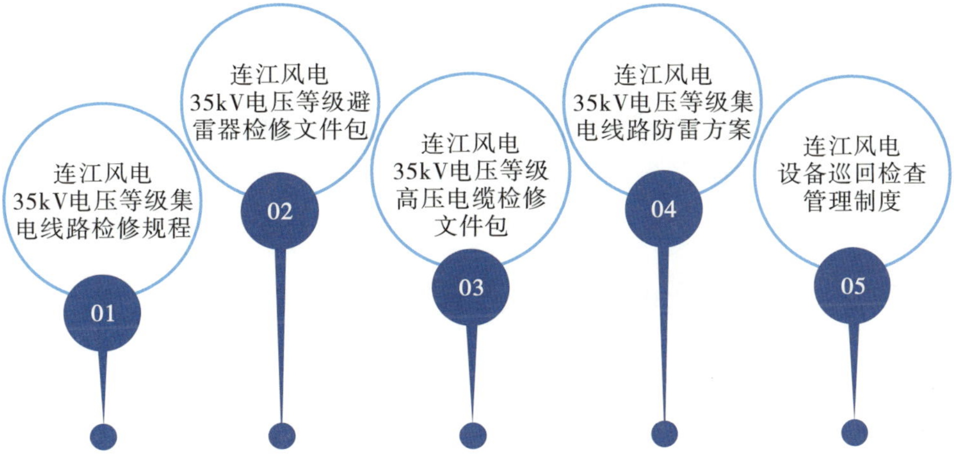

图 3－39　转化成的相关规程、制度方案等

Q/KD
福建华电可门发电有限公司企业标准
连江风电 35kV 集电线路检修规程
福建华电可门发电有限公司　发布

Q/KD
福建华电可门发电有限公司企业标准
连江风电 35kV 避雷器检修文件包
福建华电可门发电有限公司　发布

福建华电可门发电有限公司
（2018—2019 年度）
连江风电 35kV 集电线路专项巡检及检修项目
招标技术规范书

图 3－40　4A 标准化技术规范

六、总结及下步打算

（一）课题优势

连江风电公司锻造了一支艰苦奋斗、精益求精、团结协作的学习型组织和风电专家队伍，提升了企业本质安全管理水平。

（二）存在不足

雷暴、台风是大自然的客观天气状况，我们无法完全对抗。但提高低等级线路防雷水平的研究及优化设计工作，我们仍将持续进行。

（三）下步打算

连江风电公司将继续深化精益管理，做好运维定期巡检和精益检修控制，持续实现少故障、零一类故障考核的目标。

（本案例由连江风电公司提供）

【案例3－7】 水电机组轴系在线测量与智能诊断

一、案例背景简介

（一）实施背景

水电机组轴系在线测量及调整（盘车）是水电机组安装过程中的一项重要工序，其质量的好坏直接影响水电机组安装质量和水电机组的安全、稳定运行。在国内外水电行业中，不论是电动盘车方式，还是人工盘车方式，除了数据读取仍由人工记录外，绝缘垫刮削（加垫）量等参数也都依靠人工经验确定，不仅工作效率低，方法精度较低，也易出现错误，导致盘车质量不高，在一定程度上增加了盘车次数，拖延了检修周期，影响了检修工作正常进行。因此，有必要对水电机组轴系在线测量及调整进行深入研究。

（二）实施思路

目前，国内外对水电机组轴系在线测量及摆度智能诊断的需求较大，但是相关系统性研究较少，工程应用实例不多。为提高水轮发电机组检修质量和工作效率，提升水电机组检修智能化水平，棉花滩水电公司进行了水电机组轴系在线测量及摆度分析调整系统的研究与开发，试图将现代化检测技术与水电机组轴系摆度分析原理结合，使其具备轴线摆度在线测量、绝缘垫刮削（加垫）自动计算、轴线曲折智能诊断、导轴瓦间隙动态计算等功能，实现测量采集自动化、分析诊断智能化。同时试图在该系统的基础上，制定标准化盘车操作方案，以克服检修过程中人为因素的影响，实现检修过程中依靠人工经验的操作与管理模式向制度化、流程化、标准化、高效化的精益管理模式转变，提升整个水轮发电机组检修智能化水平。

水电机组轴系在线测量及摆度分析调整系统的研究与开发，可实现以下预期效果：

1. 在线测量速度快、精度高

该系统在在线测量方面主要包括硬件部分和软件部分。在硬件方面，采用高精度激光传感器、键相传感器等测量水电机组上导、下导、法兰、水导等位置摆度数据，并利用无线模块传递数据；在软件方面，根据人工盘车、电动盘车等方式，有针对性地设计人工记录和自动记录等运行模式，自动记录对应测量的数据，速度快、精度高，能有效地解决人工读数时人员需求量大、读数存在误差等问题。

2. 盘车计算方法先进、结果准确

该系统在采集水电机组上导、下导、法兰、水导等位置摆度数据的基础上，采用最小二乘法拟合不同位置处的摆度变化情况，直接给出盘车相关计算结果，可节省大量的人工计算。

3. 轴系曲折故障智能诊断

传统的人工读数方式下，盘车质量不高，不仅仅是由于测量中存在的误差、绝缘垫刮削（加垫）量等计算结果不够精确，还因为现场检修人员对水电机组轴系曲折情况了解不够深入，导致对绝缘垫刮削（加垫）量的判断不准确。该系统可根据各测点位置处的摆度数据，自动生成机组轴系曲折 3D 结构图，并自动判断机组轴系曲折情况，以供检修人员参考。

4. 集成培训功能

该系统可有针对性地开展新员工培训，增加了盘车方法、盘车测量及计算、轴系运动特性分析等方面的内容，更贴合水电工程实际，有利于新员工更快、更形象地了解盘车相关内容。

5. 水电机组轴系在线测量及摆度分析调整系统具有较高的推广性

该系统是一套软硬件结合的、集成化的测量、数据分析及故障诊断系统，具有较强的可复制性，可直接向相关水电站推广与应用。

二、现状诊断

（一）诊断内容

1. 现状介绍

棉花滩水电公司采用网络图的方法来统筹规划和管理检修进度和相互

的联系，各单位的检修项目则采用甘特图来控制项目进度。但是，由于水电机组盘车是大修过程中的关键工序之一，盘车质量能否在计划时间内达到规范要求，将直接影响检修进度。受水电机组结构复杂、刮削（加垫）量计算烦琐等的影响，人工记录及分析不确定因素较多，管理方式仍处于现场管理阶段，与精益管理理念存在一定距离。图 3－41 为棉花滩水电公司白沙水电站人工盘车现场图，不仅旋转机组需要较多人员，数据记录也需要较多人员，且受空间位置限制，数据记录人员的工作环境较恶劣，也存在一定的安全隐患。

图 3－41　白沙水电站人工盘车现场

2. 存在问题

现有的人工记录方式存在以下问题：

（1）测量方法效率低。譬如百分表测量机组转动部分摆度时，需要在各个测量位布置人手监测百分表变化。

（2）测量方法精度相对较低。譬如利用百分表读数时，由于不同的人感觉不同，读数存在一定误差，直接影响测量结果的准确性。

（3）测量及刮削（加垫）量计算误差较大。盘车测量及调整计算误差相对较大，工作人员在读数、传递数据和计算刮削（加垫）量的过程中难免存在一定的人为误差，常造成一定的返工。

（4）盘车中轴系曲折原因不明确。人工测量及刮削（加垫）量常常局限于盘车测量数据，对水电机组轴系曲折及其潜在故障原因并不明确，对机组轴系的分析不够深入。

(5) 刮削（加垫）量计算烦琐。由于刮削（加垫）量计算相对烦琐，现场存在利用经验代替计算的现象，此外对轴系曲折原因缺少准确分析，也造成了一定误差。

(6) 测量、记录过程烦琐。现场记录人员需要填写记录表格，技术人员需要进行统计并进行计算盘车完成后还要按照数据保存格式要求进行打印，整个流程相对烦琐。

3. 项目调研

由于盘车过程存在上述诸多问题，现有的人工记录的工作方式已经不能满足棉花滩水电公司精益管理的要求。因此，开发水电机组轴线测量及摆度分析调整系统，不仅符合公司管理理念，吻合自动化、智能化的电力运行发展趋势，也有利于检修工作由现场管理向计划管理、成本管理转变。同时，还为现场检修人员提供了有力的辅助工具，有效地提高了盘车质量。

（二）改善目标

基于高精度传感器和先进拟合算法开发的水电机组轴系在线测量及摆度分析调整系统能够有效地提高盘车质量，并实现以下几个目标：

(1) 摆度传感器有效测量精度可以达到 0.001mm，能实时在线记录数据；

(2) 数据在线记录完成后可立即计算出相应调整结果；

(3) 根据调整结果可立即给出立式水电机组三维轴系模型并做出曲折判断；

(4) 具备盘车知识培训功能。

该系统是一套自动化的盘车测量、分析及故障诊断系统，能够实时记录数据、显示数据、即时调整结果、即时显示故障，该系统研发成功后可实现如下目标：

(1) 能有效地避免人工测量易出现误差、易返工的现象；

(2) 降低盘车操作的复杂性；

(3) 提升测量精度和盘车计算调整可靠性；

（4）节约检修时间；
（5）提高经济效益。

三、原因分析

鱼骨图（图3－42）列出了导致盘车质量不高的原因，即人为误差、计算方法、轴系认识、现场管理等。

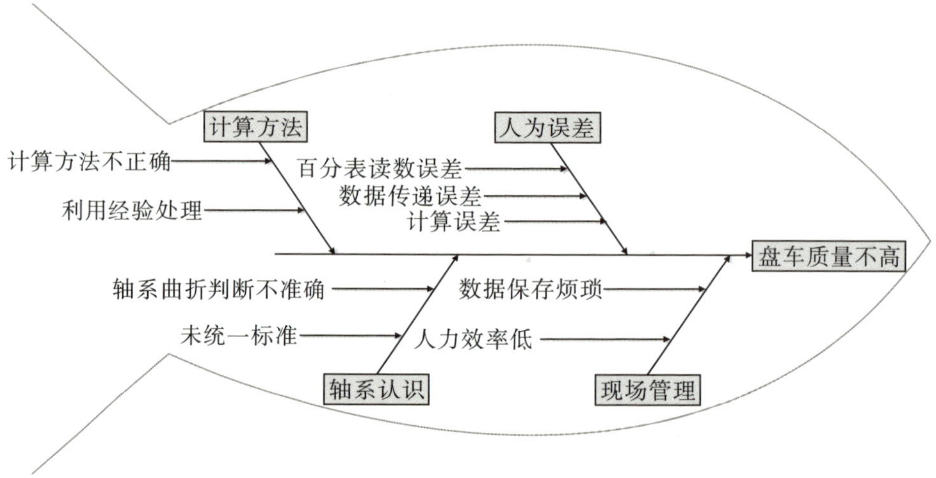

图3－42　导致盘车质量不高的原因分析

（一）人为误差

为了提高百分表数据的可靠性以及盘车数据的可验证性，现场盘车往往连续进行两三次，受水电机组结构复杂和百分表指针偏移等的影响，现场读数人员在读数时会存在一定误差。譬如：百分表指针指向两个刻度中间时，数据必然会被现场读数人员进行四舍五入处理；另外，由于测点数量多、数据记录量大，现场读数人员、技术人员在数据记录、传递中有较大的概率出现错误。同时，轴系调整计算公式烦琐也可能造成一定的计算误差。

结论：一方面，水电机组检修对盘车质量有较高要求［《水轮发电机组安装技术规范》（GB/T 8564—2003）有专门条款规定］；另一方面，人工读数、计算中又常出现错误，导致最终盘车质量不高。因此，该因素被列为重点改善项目。

（二）计算方法

水电机组轴系摆度计算、导轴瓦间隙调整计算等相对烦琐，特别是绝缘垫刮削（加垫）量计算中，不仅涉及正弦函数拟合，同时还要计算相应波峰数值及对应角度。传统计算方法与先进拟合算法相比，计算精度较低。更重要的是，由于此类计算涉及反三角函数等问题，现场技术人员有时会依检修经验进行刮削（加垫）量判断，这在一定程度上削减了最终结果的合理性，导致盘车返工。

结论：水电机组轴系调整计算是盘车的重中之重，计算中存在的问题将直接影响盘车质量。因此，该因素被列为重点改善项目。

（三）轴系认识

水电机组轴系曲折情况会直接影响机组摆度。在机组摆度调整计算中，往往需要参考轴系曲折状态，进一步验证绝缘垫刮削（加垫）量。由于水电机组结构比较复杂，只依靠几组测量数据想象轴系曲折状态，对现场技术人员而言难度极大。另外，轴系结构的三维特性决定其难以制定标准化的绘图方法，人为绘制 3D 结构图（不像轴系调整计算有计算公式）。

结论：水电机组轴系故障判断在一定程度上验证了机组盘车调整计算的精度，在盘车中是重要的辅助工具，有利于检修人员了解机组轴系状态。同时，它对机组正常运行时的故障诊断也是一个有益的补充和诊断依据。因此，该因素被列为重点改善项目。

（四）现场管理

由于水电机组整个盘车过程中人为因素较多，盘车管理大部分仍处于现场管理阶段，一方面人力资源浪费较严重，另一方面受现场管理制约，虽然有相关数据保存制度，但盘车测量数据保存存在滞后性，保存流程又相对烦琐。

结论：棉花滩水电公司检修制度较完善，盘车过程中管理环节虽存在提升空间，但对盘车质量的直接影响并不大，故该因素不被列为重点改善项目。

四、实施改善

（一）实施过程

水电机组轴系在线测量及摆度分析调整系统主要在机组安装、检修过程中使用，有如下要求：

（1）机组检修时，若其他机组仍处于正常工作状态，则需要考虑电厂正常的电磁干扰等现象；

（2）系统数据测量应准确、快速；

（3）轴线测量设备简单且安装方便；

（4）电厂盘车类型较多，譬如人工盘车、电动盘车等，应综合考虑，扩大系统适用范围。

为此，课题组采用激光位移传感器、光纤传感器相结合的方法测量轴线数据，采用无线方式传递测量数据。

1. 硬件设计与选择

（1）激光位移传感器选择。

水电机组轴线测量的主要元件是激光位移传感器，其测量精度和可靠性会直接影响轴线调整方案的准确性。因此，课题组采用的激光位移传感器是新一代的基于激光三角测量原理的高精度位移测量传感器，其采样频率最高可达10kHz，线性度为±0.1%FS，重复精度为1μm。该传感器的另一特色为数字信号输出，即将模拟信号直接转变为数字信号，进一步避免了水电厂电磁信号的干扰。

（2）光纤传感器选择。

为了开发水电机组轴线自动测量功能（对应自动盘车情况），在原有8个激光位移传感器的基础上，加入键相测量传感器。课题组选用光纤传感器（加放大器）完成角度测量工作。该传感器的工作原理如下：当金属检测体接近开关的感应区域时，开关就能无接触、无压力地迅速发出电气指令，准确反映出运动机构的位置和行程。该传感器定位精度、操作频率、使用寿命、安装调整的方便性和对恶劣环境的适用能力都较好，广泛应用于机床、冶金、化工、轻纺和印刷等行业。在自动控制系统中，该传感器可用于限位、角度计算、定位控制和自动保护环节等。

（3）无线通信模块选择。

课题组选用了工业等级的无线通信模块，它支持 MODBUS、ASCⅡ码协议，并支持各种点对点、一点对多点的无线通信方式，具有收发一体、安全隔离、使用简单、稳定可靠等特点。该无线通信模块已经被广泛应用于工厂自动化监控、水利工程、采油输油测控、矿山机械、环保监测、起重设备、轨道交通、门禁系统、公路收费站等无线通信场景。该无线通信模块技术成熟、运行稳定。

（4）测量系统组成。

在激光位移传感器、光纤传感器和无线通信模块确定后，按照图 3-43 所示，进行水电机组轴线测量系统硬件设计。

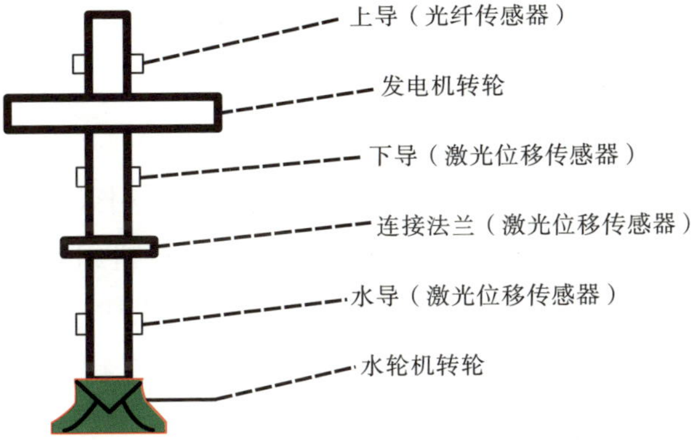

图 3-43　水电机组轴线测量系统硬件设计

在上导处安装一个光纤传感器（即键相测量传感器），主要作用是测量角速度，确定同步角度；同时在上导处 $+X$、$+Y$ 方向上各安装一个激光位移传感器测量上导摆度，并利用无线通信模块发送测量数据，下导和水导处分别在 $+X$、$+Y$ 方向上各安装一个激光位移传感器测量上导摆度，也利用无线通信模块发送测量数据，在电脑侧则利用无线接收模块接收上述传感器的测量数据，达成信号通信（图 3-44）。

2. 软件设计及功能

（1）在线监测模块。

在线实时监测界面，按照人工盘车和自动盘车两种不同功能，设计 2

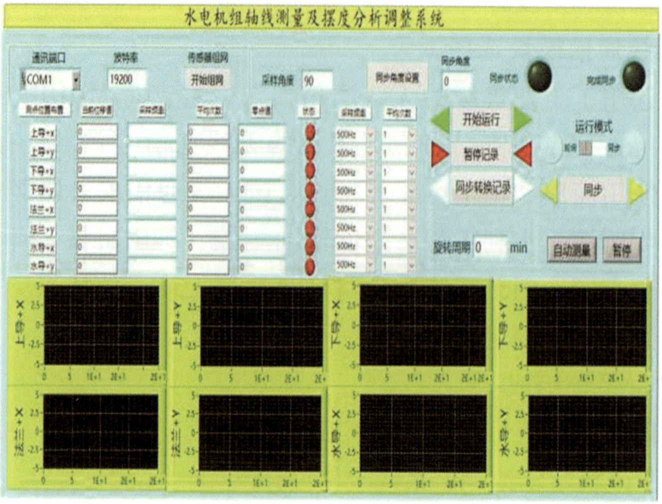

图 3-44　分析系统图

种不同的数据采样及记录模式。

①人工盘车。

在人工盘车、自动盘车定点停车状态下，可采用人工记录模式。即人工盘车开始，则点击开始运行，人工盘车达到 1 点机组且停稳后，点击暂停并记录各个激光位移传感器测量的数据，记录完毕后，点击开始运行，继续人工盘车，直到盘车结束。

②自动盘车。

采用自动盘车模式，机组在电机带动下旋转 2 ～ 3 圈，不需要人工驻点记录，盘车结束后电机同步记录测量数据，即可记录下影响数据。

（2）全摆度（净摆度）计算模块。

分别显示上导、下导、法兰、水导等处摆度图以及相应的全摆度及净摆度数据。

（3）轴线调整计算模块。

主要完成机组轴线测量数据显示，计算参数设定，初步计算镜板和法兰处刮削（加垫），以及判断是否需要刮削（加垫）。

（4）轴线曲折故障诊断。

图 3-45 为轴线曲折故障显示界面。该界面主要显示发电机主轴（下

导或法兰处)、水轮机主轴（水导处）最大倾斜值和倾斜方位的具体数据，以及各种主轴曲折故障类型的3D模型。

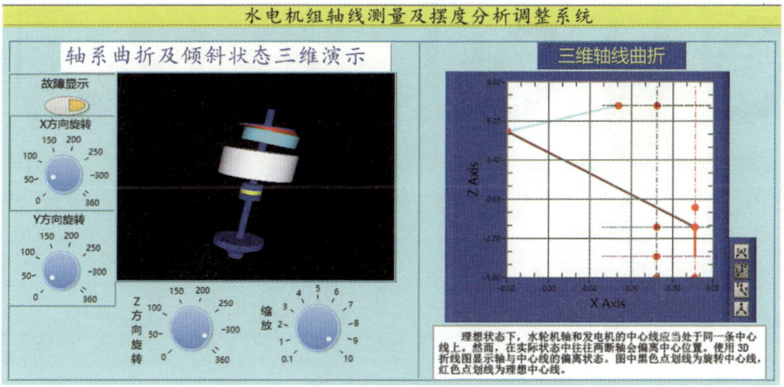

图3－45　轴线曲折故障显示界面

（5）刮削（加垫）量计算模块。

图3－46为镜板摩擦面和法兰结合面刮削（加垫）判断界面，采用传统计算方法和基于最小二乘拟合理论的计算方法，给出按照8等份等分后各个位置的刮削（加垫）量。

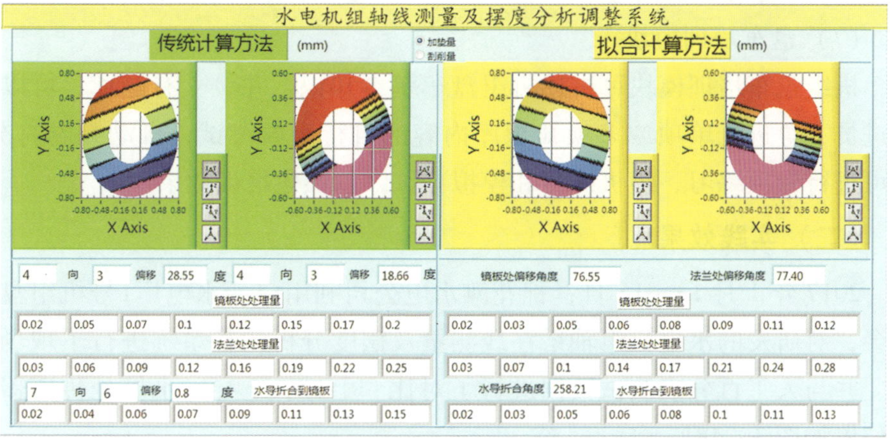

图3－46　镜板摩擦面和法兰结合面刮削（加垫）判断界面

图3－47所示为刮削（加垫）量的立体显示。图中颜色越红代表刮削（加垫）量越大，颜色越紫代表刮削（加垫）量越小。实例计算表明，采用拟合计算方法精度更高。

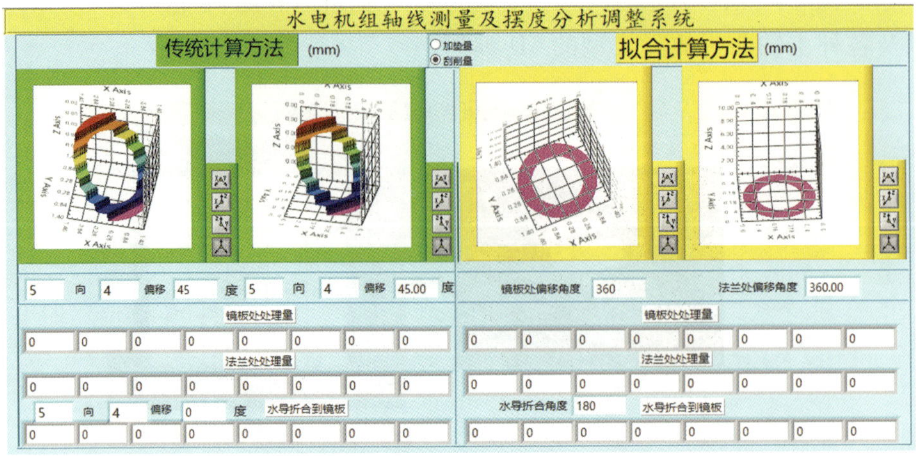

图3－47　刮削（加垫）量的立体显示

（6）导轴瓦间隙调整模块。

导轴瓦间隙调整模块根据机组形式（悬式或伞式）以上导或下导中心为机组中心计算导轴瓦间隙，考虑到白沙水电厂水导存在导轴瓦位置与盘车测点位置有偏移角度的现象，允许输入相对于上导盘车测点的偏离角度，计算下导、水导等导轴瓦间隙，并可显示导轴瓦间隙的3D放大图。

（7）盘车培训模块。

机组盘车培训模块可讲述机组盘车基本知识，并设立有题库，可以对新进员工等进行单项或多项知识库内容的自行组卷考试，自动判卷打分，也可进行专项练习、随机练习和模拟考试，以强化培训效果。

（二）实践效果

2017年1月13—15日，棉花滩水电公司利用白沙水电厂1号机组盘车机会，对研发的水电机组轴系在线测量及摆度分析调整系统进行了现场测试，并与人工百分表测试数据进行了对比。上导、下导、水导处传感器安装位置如图3－48所示。

表3－17为传感器测量结果与人工测量结果对比，从表中可以看出，两者变化趋势一致，其中下导最大净摆度偏差0.0291mm，水导最大净摆度偏差0.0227mm。与人工测量相比，传感器测量结果无论是全摆度还是净摆度相差均很小，且与人工测量的变化趋势完全一致，其偏差主要是传

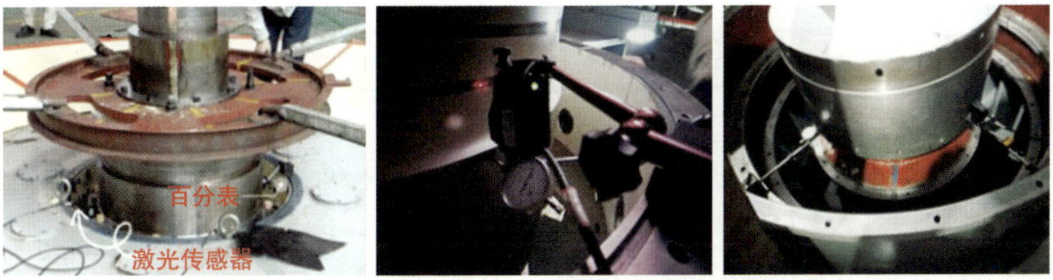

图 3－48　上导、下导、水导处传感器安装位置

感器测点与百分表测点安装位置高低不同，或并非完全处于 *X* 轴、*Y* 轴线上对侧位置等原因引起的。

表 3－17　盘车实测数据对比

单位：0.01mm

测点		5－1	6－2	7－3	8－4	最大差值	最小差值
上导	+X（人工）	1	－1	－2	－2	2.33	0.87
	+X（设备）	－1.33	－1.87	－0.99	－0.10		
	+Y（人工）	2	1	0	－2	0.70	0.22
	+Y（设备）	1.30	0.06	0.63	－1.78		
下导	+X（人工）	－5	－7	－2	1	1.38	0.60
	+X（设备）	－6.36	－8.28	－3.38	0.40		
	+Y（人工）	－1	－3	－2	0	2.46	0.29
	+Y（设备）	－1.29	－5.46	－4.28	－0.51		
下导（净摆度）	+X（人工）	－6	－6	0	3	2.50	0.41
	+X（设备）	－5.03	－6.41	－2.50	0.50		
	+Y（人工）	－3	－4	－2	2	2.91	0.41
	+Y（设备）	－2.59	－5.52	－4.91	1.27		
水导	+X（人工）	10	11	5	－6	2.42	0.80
	+X（设备）	9.20	12.01	7.32	－3.58		
	+Y（人工）	16	14	5	－9	2.90	1.06
	+Y（设备）	17.06	12.41	7.90	－7.18		

（续表）

测点		5－1	6－2	7－3	8－4	最大差值	最小差值
水导（净摆度）	+X（人工）	9	12	7	－4	1.88	0.52
	+X（设备）	10.53	13.88	8.31	－3.48		
	+Y（人工）	14	13	5	－7	2.27	0.65
	+Y（设备）	15.76	12.35	7.27	－5.40		

1. 技术指标

（1）测量精度：线性误差≤10μm。

（2）盘车调整计算精度：符合国家标准。

（3）轴系故障判断精度：能够准确判断轴系故障发生位置。

2. 经济效益

本课题成果有助于提高水电机组安装、检修及运行管理人员的专业素养，实现了盘车过程中各测量点的在线测量、自动计算、智能诊断，改进了计算方法，避免了人为误差，实现了数据无纸化记录与保存。从而有效地提高了盘车质量和效率，缩短了机组安装、检修工期，提高了机组有效利用率，创造了很大的经济价值。具体经济效益统计见表3－18。同时，该系统具有较先进的应用水平，引领了行业技术进步，所带来的间接效益非经济效益所能衡量。

表3－18　经济效益统计表

年份	电站	项目总投资/万元	新增利润/万元	新增税收/万元	节支总额/万元	回收期/年
2016	白沙	35	67.76	28	1.2	0.52

（1）节约工时：节约一次大修工期至少3个工作日，棉花滩水电公司可节约工时费用1.5万元，白沙水电厂可节约工时费用1.2万元。

（2）增发电量：节约一次大修工期至少3个工作日，棉花滩水电公司可创造再生发电效益410多万元，白沙水电厂可创造再生发电效益90多万元。

3. 创新效果

盘车是水电机组安装过程中必不可少的一项任务，过程看似简单，但是测量和相关计算复杂，精度要求高。因此，本课题采用软硬件相结合的方法，将自动化测试、数据跟踪计算和轴线曲折及倾斜等故障分析集于一体，具有较高的应用价值和学术价值。

（1）系统集成。

在硬件方面，开展硬件系统设计，优化确定传感器布置方案和相应控制电路，将 A/D 转换器、24V 直流电源、PLC、调理及滤波电路等集成到控制箱中；在软件方面，以 LabVIEW 平台和 SolidWorks 软件为基础，自主开发轴线测量数据滤波程序、轴线调整计算程序、轴系故障三维显示程序和培训程序，并利用封装理论，将以上程序整合成一个有机整体，最终实现软硬件结合，开发出一套水电机组轴系在线测量及诊断分析软件。

（2）轴线曲折及倾斜等故障分析和三维展示。

本课题成果通过对盘车过程中不同位置轴线摆度等参数进行测量和对比分析，全面掌握盘车过程中轴系运动情况，进而将数据传入以 SolidWorks 软件为基础的轴系 3D 模型中，准确显示轴线曲折及倾斜情况，使得技术人员能够及时、形象地了解轴线故障情况。

4. 推广应用

（1）水电站内部直接应用。

本课题成果在白沙水电站成功试运行，可以在棉花滩水电公司下辖各水电站直接应用。

（2）拥有自主知识产权，应用性强，可在行业内推广。

本课题成果拥有自主知识产权，在棉花滩、白沙水电站成功应用的基础上，可形成示范效应，并据此提炼商业模式，实行企业化运作，最终在行业内推广，引领行业技术进步，由此带来的直接和间接效益也非常明显。

五、标准化

水电机组轴系在线测量及摆度分析调整系统在白沙水电站盘车过程中的试运行，已经验证了该系统研发思路的可行性、系统的实用性。目前，该系统在国内水电行业尚属首例，应用前景光明。随着该系统的进一步完善，必然会在华电集团乃至整个水电行业得到推广。

该系统将盘车过程中的数据流：摆度在线测试、刮削（加垫）量计算、导轴瓦间隙计算、轴系故障诊断、盘车知识培训等集于一体，大大简化了盘车流程，有利于进一步优化盘车过程管理，实现检修过程中依靠人工经验的操作与管理模式向制度化、流程化、标准化、高效化的精益管理模式转变，必将提升整个水轮发电机组检修智能化水平。

（本案例由棉花滩水电公司提供）

发电运行篇

运行管理是发电企业的基础管理工作，承担着发电生产的全周期、全过程管理职能。如何确保运行管理高效运作，保障电量的顺利发送，是运行精益管理的重点研究课题。通过引入精益管理理念，完善各项管理制度、规范人员行为、优化设备运行方式，发电企业的运行管理工作更加科学、合理、规范，从而实现发电企业运行工作的全方位提升，切实保障发电企业安全、经济运行，实现效益最大化。

发电运行管理应着重从优化主辅机设备、人员培训、安全环保、节能降耗、辅助服务、运行方式等方面开展持续改善。

第一章 发电企业运行管理概述

随着电力体制改革不断深入、节能环保要求不断被提出及电煤价格上涨，发电企业面临的形势也越发严峻。在这种情况下，发电企业要想更好地生存与发展，就必须增强责任意识，提高经济效益，以保证各生产系统的安全、经济、有序运行。运行管理工作作为发电企业生产流程的中心枢纽，在发电企业各项管理工作中的重要性越来越突出，运行管理工作的好坏直接关系发电机组能否长周期安全、经济运行，做好运行管理工作对维护发电企业安全、稳定、连续运行具有十分重要的意义。

同时，随着技术不断发展，项目日趋复杂、设备技术含量越来越高，这些都会导致运行过程中的风险增多。尤其是一些设施、设备在长期运行中存在问题及隐患，容易导致安全事故突发，存在较大的完工风险、经济风险、目标达成风险。

思想决定行为，理念指导实践。发电企业运行精益管理只有坚持“12334”精益管理思路，即一个目标（持续改善）、两种成效（少投入，减少运行过程中的一切浪费；多产出，创造价值，优化指标、提高经济效益）、三精理念（精心监盘、精确操作、精益求精）、三个结合（与理念工具结合、与本职工作结合、与工作目标结合）、四种关系（QC、7S 管理、管理创新技术、五小改善都是精益管理的有机组成部分），才能更好地做好运行管理工作。

机组日常运行管理主要包括运行方式的优化、管理手段的优化、节能降耗的优化等，随着新理念、新技术的不断应用和推广，发电企业运行管理将进一步精细、优化，不断改进。

第一节　运行管理的任务与要求

一、运行管理的任务

当前，高参数、大容量、高自动化技术的现代化发电机组已经成为发电企业的主力机组。由于现代化发电机组是复杂的系统，因此，对于集控运行人员来说，不仅要熟悉发电机组各个系统的运行机理，还必须了解自动控制系统的控制功能和控制过程。这就要求集控运行人员在动力、发电和自动控制等各个专业方面都要有很高的技术水平，否则将无法胜任集控运行的工作岗位。运行管理在发电企业各项管理工作中的重要性越来越突出。

根据发电企业运行工作的性质和特点，总结运行管理工作的主要任务有以下四点。

（一）安全生产

发电企业的第一要务就是根据电力调度管理要求向电网提供质量合格的电能，为电网安全、可靠地提供供电服务，发电机组要最大限度地满足电网运行的需要。对外要树立良好的企业形象，不能发生因发电企业自身原因造成的电网缺电、限电、限热，甚至引起电力系统稳定性被破坏和电网解列的恶性事故；对内要强化内功，加强设备运行维护，不发生因操作不当、异常和事故处理不及时造成的重要设备损坏或人员伤亡。

（二）经济运行

发电企业组织生产的最终目的是创造价值，产生效益。运行管理作为企业价值和效益的创造途径，必须牢固树立节约意识，通过精心组织、精准调整、认真分析以及优化运行方式，不断与行业及区域内先进的发电机组进行对标管理，最终实现发电机组的经济运行最优化和企业效益最大化。

经济运行最主要的任务是降低生产成本，因此通过运行方式优化、参数调整以及技术改造等手段，降低发电用煤、用水、用油、用电、用气、用热及大宗材料使用量是做好经济运行工作的重点。

（三）稳定可靠

通过制定切实可行的运行巡回检查管理制度开展运行管理工作，及时发现设备缺陷和问题，积极调整运行方式，确保发电机组的安全、稳定运行。运行管理人员要深入分析发电机组运行特性的变化，正确指导设备运行。同时，通过运行试验数据收集为机组检修、技术改造提供可靠的依据。在发电企业的生产过程中，运行人员时刻掌握着设备的运行状态及影响生产的各种因素，对设备的安全、经济运行直接负责，所以要不断强化运行人员是设备“第一主人”的意识，运行人员技能水平的提高是保障设备安全、经济运行的第一要素，必须通过对运行人员进行业务培训和责任心培养，为发电机组可靠、稳定运行保驾护航。

（四）高效环保

随着国家对环境保护的日益重视，发电企业污染物排放标准越来越严格，加强管控各项环保指标、实现达标排放成为发电企业运行管理最重要的工作之一。发电企业需要不断加强运行调整和运行人员责任心培养，高度重视污染物的达标排放。

二、运行管理的重点要求

为加强发电企业内部管理，适应现代企业管理的要求，必须认真抓好运行管理工作，向管理要效益。运行管理肩负着电力生产安全、经济、可靠、环保的责任，在发电企业管理中占据十分重要的地位。因此运行管理必须加强自身建设，不断提高标准，为实现发电企业提质增效保驾护航。结合运行管理工作的特点，运行管理的要求主要为以下几点：

（1）以安全、稳定为本，围绕节能降耗、降低生产成本开展工作。认真做好安全生产工作、严格落实“两票三制”是电力安全生产最基本的保证。安全生产得到保证，才能提升经济效益，才能加强内部管理、节能降耗、开展稳定、高效的管理工作。

（2）加强运行管理，建立发电企业运行管理长效机制。第一，发电企业运行管理系统是一个综合性管理体系，涉及的部门和人员众多，从管理者到巡检操作员，每个人都有责任和义务参与管理工作。运行管理人员应树立服务意识和大局意识，明确自身的工作职责和作用，厘清工作思路，明确工作目标，营造良好的工作氛围和环境，监督发电机组的安全运行，注意保持最佳的工作状态，并且在工作中发挥带头作用，形成团结协作的劳动价值观。第二，运行管理的基础工作要注重实效。要狠抓工作落实，推进精益管理。再周密的部署，再严谨的制度若不落到实处，都是“纸上谈兵”，毫无效果。不仅要注重制度、措施的精益性、及时性、可行性，更要对实际工作的落实给予高度重视，通过采取现场跟进、不定期抽查、加大奖惩等手段促进各专业人员不断提升岗位意识、责任意识，有效推动各项制度、措施落实到位。第三，加强指标管控，开展对标管理、精益改善和节能降耗等工作。

（3）加强人才队伍建设，强化运行人员主人翁意识。通过技术讲课、仿真培训等形式不断提高运行人员的业务素质及能力，培养一支技术过硬、热爱工作的运行队伍。同时运用管理手段强化运行人员责任心，提高运行人员的积极性。通过认真分析，积极调整，使安全、经济、环保、供热等各项指标都能有效提升。

（4）全面推行和运行 7S 管理并形成常态化，实现由 7S 管理向管理 7S 的提升。

（5）建立分析评价标准，规范管理流程。通过运行分析，及时发现存在的问题，不断提高运行人员能力，提高运行操作水平。结合作业评价，实现岗位工作量化评价。

第二节　运行精益管理体系

一、运行精益化思考

在运行管理过程中引入精益管理理念，运用精益管理思路对运行管理的全过程进行梳理，结合运行管理的特点，对运行管理全过程进行精益化思考。

发电企业运行精益管理活动应由运行精益管理领导小组组织开展，从运行制度管理、运行设备管理、运行作业管理、运行培训管理、运行分析管理五个方面进行优化改善；以作业和指标精益化为核心，以设备、作业、培训精益化为辅助手段，全方位提升运行管理水平。

二、运行精益管理具体要求

建立运行精益管理活动组织机构，围绕“制度、设备、作业、培训、分析”五个要素建立运行精益管理体系、开展运行精益管理活动。

（一）设立运行精益管理活动组织机构

为了方便运行精益管理活动的开展，应设立运行精益管理活动组织机构，将运行精益管理工作分为部门、专业、班组三个活动层级，确保运行精益管理活动能全方位、立体化地有效实施。

1. 精益领导小组（部门）

由部门领导主导，对部门年度的精益管理计划和课题项目进行审批；牵头组织召开阶段性工作会议，对项目所需资源进行合理的调配，对项目实施过程中遇到的问题及时协调解决；安排专门的负责人组织团队开展精益小组活动，并对项目成果和该承担的职责进行确认。

2. 项目推进小组（专业）

分析并确定本专业年度精益管理的课题和目标；组建专业精益管理活动小组；把握精益活动进度，主导精益活动的开展；定期组织召开精益活动小组会议，总结精益活动成果。

3. 项目实施小组（班组）

项目实施小组的主要职责是负责改善课题的完成，执行每个项目的改善方案，持续获得改善成果，及时发现现场存在的问题并予以解决。

（二）运行管理制度精益化

运行管理制度体系的建设和规范对运行管理工作至关重要。及时收集、掌握国家、行业及公司各层级的各项管理制度、标准，进而建立一套符合本企业实际且高于上级标准的运行管理制度体系，可以从本质上对运行管理工作做出规范、严谨的要求，使生产运行管理有章可循、有法可依。

运行管理制度应按照运行的客观要求，对运行管理工作的范围、内容、程序和方法做出规定，形成各种规程或制度。运行制度管理精益化活动可以重点从以下几个方面开展：

（1）收集、汇总、整合并及时更新国家、行业、集团公司、区域公司和本单位最新的管理制度、标准、规范以及技术措施。

（2）建立健全各级运行岗位责任制及各项运行管理制度，包括交接班制度、巡回检查制度、设备定期试验及轮换工作制度、操作票（含操作监护）制度、工作票（含停复役）制度、培训制度、设备缺陷管理制度、运行分析制度和清洁卫生制度等。

（3）根据设备特性、制造厂资料、设计资料、现场具体条件、运行经验、技术通报、事故通报和上级有关规定等修编各主要设备和辅机的现场运行规程（包括事故处理规程、现场安全规程、消防规程等）。同时加强规程的管理，明确规定各项规程的编写、审核和批准的程序，修订的周期，发放的范围和学习考试的定期开展。

（4）建立运行管理制度线上、线下查阅反馈平台，供各级人员查询、浏览、学习、调用各种制度及技术资料，方便反馈意见的提出、收集和处理，达到运行管理制度的有效实施以及管理互动。

（三）运行设备管理精益化

在发电企业中，发电机组是主要的运行设备，运行管理的一切活动都是围绕着发电生产进行的，所以做好设备运行的精细化管理工作，明确管理职责，做到所有设备的管理都能规范、统一，并符合相关标准，使设备能够在允许的范围内高效运转，就能从根本上提高发电企业的发电能力，提升发电企业的经济效益。由此可见，发电企业在推行精益管理的时候，要将设备管理纳入进来，细化制度、优化流程，从设备巡检、隐患防护、消缺等方面使设备运行得到可靠保障。

设备运行管理精益化活动可以重点从以下几个方面开展：

（1）认真执行交接班制度。接班人员掌握设备运行状态后方可接班，这就要求接班人员重视设备巡检，认真查阅各种记录以及详细掌握休班期间发生的各类事件的原因、过程及采取的防范措施。

（2）提高运行人员监盘、巡检质量，加强培养运行人员及时发现问题的能力。运行人员对参数变化要能分析对比，对设备运行状态要心中有数，否则就会失去抄表、监视画面、巡检设备的意义。

（3）认真执行设备定期试验及轮换制度。设备定期试验及轮换是运行人员检验运行及备用设备是否处于良好状态的重要手段。无备用设备意味着缺少一种运行方式，安全运行就失去了一道保障，所以备用设备应视同运行设备，积极处理其缺陷，使之处于良好的备用状态，否则一旦运行设备发生故障，在无备用或少备用设备的情况下，运行人员处理事故时调节余地小，往往会导致事故扩大。

（4）抓好缺陷管理工作。缺陷管理要不折不扣，设备治理要加大力度，使设备处于健康状态，为运行工作提供尽可能好的硬件条件。只有设备治理好了，才能谈及机组的安全、稳定运行。

（5）保证自动调节及保护系统的可靠性和投入率。只有自动化水平高才能保证机组的稳定、经济运行，同时也可以使运行人员在操作调整上减少不必要的精力消耗，在处理事故时得心应手，得以有更多的精力投入其他更关键的操作上，进而保证机组安全、经济、稳定运行。

（四）运行作业管理精益化

运行作业涵盖“两票三制”、启停机、参数调整、事故处理、规程措施的执行以及保证现场机组安全、经济运行的一系列工作，是运行管理的核心内容，也是各项基础工作管理水平的集中反映。

主动引入运行作业管理精益化理念，可以改变传统落后的管理方式。通过优化作业流程、提升技术手段、标准化操作、流程化监督的方式，以工作流程驱动消除作业流程中各节点的“浪费”，实现运行作业水平的全面提升，达到企业强基和提质增效的目的。运行作业精益管理手段有以下几个方面：

1. 针对“两票三制”

（1）工作票。规范工作票全流程办理、工作票分析、工作票考核；实现设备停复役与工作票的智能结合。

（2）操作票。规范操作票全流程办理、操作票分析、操作票检查和考核；完成标准操作票库建设；明确要求一般操作专业人员现场监护、重大操作管理人员现场监护到位；实现基于二维码技术的电气防误操作。

（3）交接班。制定交接班管理制度，规范交接班项目及标准流程，实现交接班流程的智能化管控。

（4）巡回检查。结合公司实际生产情况及岗位设置，制定管理制度，修订科学、合理的巡回检查项目及标准流程，利用先进的技术手段开展富有特色的巡回检查，实现巡回检查实时管控。

（5）设备定期试验及轮换工作。修订科学的、符合现场实际的设备定期试验及轮换工作标准流程，制定规范性管理制度；在厂级 SIS（安全仪表系统）系统中，实现定期工作的发布、定期工作在日志中的生成、定期工作提醒、按照流程分类执行延期审批等功能。

2. 针对常规工作

火电运行：

（1）燃料掺配掺烧。根据有效的燃料掺配掺烧专项试验，及时修订燃料掺配掺烧技术方案，并确保方案实施到位；结合数字化煤场建设，根据机组负荷计划、经济运行要求、成本管控原则，实现燃料掺配掺烧动态实时互动；运用数字化煤炭管理平台实现燃煤智能掺烧掺配是较高目标。

（2）监盘。完善监盘管理制度，明确监盘规范内容及注意事项；建立值班员在线监盘评价系统，实现岗位工作量化评价。

（3）吹灰优化。结合掺配掺烧及吹灰系统现状，开展专项试验，制订符合现场实际的吹灰优化方案，并确保执行到位；开发锅炉智能吹灰优化与在线结焦预警系统，实现“按需吹灰”。

（4）化学监督。建立各运行岗位水、汽、煤、油、氢等化学监督指标；明确当班人员需要及时掌握的化学监督指标，并要求进行必要的分析、判断；通过化学监督电子通知书，对超标指标实现闭环管理。

（5）缺陷管理。根据实际修订缺陷管理制度，明确缺陷发现、联系协调、缺陷分类、缺陷登记、验收环节的工作标准；缺陷管理系统应与 ERP（企业资源计划）、运行规范化管理平台实现缺陷信息共享。

水电运行：

（1）监盘、巡检、交接班。完善监盘、巡检、交接班管理制度，明确内容及注意事项；在线监控设备运行状态、每日定时检查现场设备状态及运行情况、值班人员按时无缝对接，确保机组安全、稳定运行。

（2）定期工作。根据制度定期测量全站辅助设备、机组绝缘电阻，定期测量厂房、开关站温度，定期倒换主变冷却器等，确保全厂设备健康状态达标。

（3）执行“两票三制”。不断创新、完善开票系统，不断积累、修编“两票”，特别是在机组检修期间，工作票更应认真审核、批复，执行安全措施，保证工作环境安全。

（4）缺陷管理。根据实际修订缺陷管理制度，明确缺陷发现、联系协调、缺陷分类、缺陷登记、验收环节的工作标准，在ERP平台完成缺陷的实时管控及闭环处理。

3. 针对重要操作

（1）启停机管理。建立启停机流程优化及评价系统，通过编制启停机流程图，规范各节点的操作项目及具体控制技术要求。

（2）重大操作监护。建立重大操作监护系统，实施重大操作项目清单、操作交底、操作监护签字管理制度，实现重大操作智能化管控。

（3）设备停复役管理。结合ERP管理流程，制定设备停复役管理制度；实现设备停复役与工作票的智能结合。

（4）保护和自动装置投退管理。制定包括防误闭锁在内的保护和自动装置投退管理制度；要求在生产指标统计分析中增加保护和自动装置投入率统计，建立重要保护和自动装置退出预警机制。

4. 针对运行台账及工器具管理

（1）值班日志。明确规定各级运行岗位值班日志的记录范围和具体内容要求，实现值班日志同各管理模块的智能响应。

（2）运行管理台账。根据《电力可靠性监督管理办法》《电力安全工作规程》制定运行台账、报表、记录的标准；建立符合现场实际的运行管理台账标准，明确运行管理台账清单、编制运行管理台账模板、提出运行管理台账填写管理要求。

（3）技术管理台账。技术管理台账是对设备的状态（运行、异常、事故、备用、停运等）和时态相关参数的实时数据、统计分析的记录。结合现场实际，推荐建立如下技术管理台账：滑压运行管理台账、异常事件管理台账、化学药品管理台账、化学技术监督台账、工器具管理台账、钥匙管理台账、机组 AGC 投退台账、继电保护及自动装置投退台账、变压器分接头调整台账、接地线（开关）台账、技术交底台账、污染物控制台账、绝缘电阻测量台账（电动机、变压器、发电机）、继电保护开关动作台账、技术交底台账等。要求明确记录条件、编制台账模板、规定管理流程。

（4）钥匙管理。建立一般钥匙、电气母线室钥匙、五防钥匙管理制度，实现钥匙智能化管理。

（5）工器具管理。建立包括一般工器具、安全工器具、电气工器具在内的工器具管理制度；规范工器具编号、检验、维修、报废过程管理，完善台账建设；实现工器具智能化管理。

5. 针对运行工作管理

（1）调度管理。制定涉网调度、厂内调度管理制度；在遵守电网调度规程的前提下，具体规范调度命令的受理、记录、联系汇报、执行情况及执行反馈。

（2）电量管理。将电量跟踪分析作为发电企业所有生产管理工作的基础，以“日、月、年电量累计跟踪预测”为依据，合理、经济地对发电企业的生产方式、计划物资、检修技改等全局性工作进行统筹部署，以“实时电量预测跟踪”为手段，使电量抢发、设备检修、指标调整、经济运行等生产调度体系的整体安排更加合理、精准。

（3）环保管理。根据环保法规，制定废水、粉尘、二氧化硫、氮氧化物、废油及噪声等污染的厂内控制规范；确保环保安全、实现经济目标。

（4）指标管理。充分利用指标竞赛、耗差管理、对标管理等手段，不断提高运行人员的积极性，挖掘节能潜力，不断优化机组各项经济指标，提高企业的成本竞争力。

（5）供热管理。制定优化供热运行的技术措施，挖掘供热潜力，降低供热成本，提高供热能力和供热安全水平。

（五）运行培训管理精益化

运行人员的业务能力是保障设备安全、经济运行的第一要素。由于发电企业运行技术含量越来越高及人员流动日益频繁，运行人员培训已然成为运行管理工作的重要组成部分。

为了加强员工队伍建设，运行管理部门应以“素质为先、技能为本、终身培训”为目标，全面、深入开展运行人员培训。运行培训管理精益活动可以重点从以下几个方面开展：

1. 健全培训机制

员工培训是人才队伍建设的主要途径，也是广大员工建功立业的客观要求。员工培训要从实现广大员工培训目标的角度出发，逐步建立、完善培训制度，广泛开展员工技能提升培训和高技能人才培训；要认真制定培训规划，加强人才梯队建设。

2. 提高培训质量

大力推行以需求为导向的培训模式，通过开展技术学习、技术问答、反事故演习、考问讲解和技术讲座等多样化、多层次、多渠道的技能培训、定向培训、定岗培训，提高培训的针对性和有效性，多专业融汇，加强培训基础能力建设，加强技能考核评价、竞赛选拔，营造人才成长的良好环境。

3. 加强培训激励

建立员工个人岗位评价机制，认真开展运行人员岗位培训，进行个人岗位培训评价，加强技能考核评价、竞赛选拔，形成员工积极参与培训、主动接受培训、争创培训标兵、切实提升能力的良好学习培训氛围，营造人才成长的良好环境。

4. 加大支持力度

部门管理人员要高度重视员工培训工作，结合实际，妥善安排，积极开展；要协调好培训时间，做到重要岗位培训、技能培训不缺席；要制订有针对性的培训计划，并监督检查其实施情况，提出改善、考核意见。

（六）运行分析管理精益化

对设备工况、运行指标、运行记录、异常及事故等进行全面且正确的分析，为设备改造、运行操作和系统运行方式改进提供科学依据，从而确保机组运行的安全、经济、稳定。

为了提高机组运行的安全、经济、技术管理水平，可以从运行指标分析、启停机分析、事故及异常分析三个方面，引入精益化的工作理念和诊断分析工具，通过分析和优化机组系统运行方式，拓展思路，建立分析评价标准，规范管理流程，协助发电企业解决生产过程中的实际困难，提高低成本运营能力。

1. 运行指标分析精益化

对各种运行指标进行经济分析是运行值班人员及各级生产管理人员掌握设备性能及其变化规律，保证设备安全、经济运行的重要措施。运行指标分析包括节能分析、环保分析、运行稳定性分析等。

运行人员应通过仪表指示、运行记录、设备巡查和操作情况等，及时发现和分析问题，采取对策，不断提高机组安全、经济运行水平。

班组及部门每月对各项指标进行经济分析，召开月度经济分析会，对照上个月、去年同期及历史先进水平的变化情况，找出变化原因，并制定相应的改进措施。

运行管理人员应每天关注各项经济指标的变化情况，发现异常变化时应及时分析原因，并找出解决方法加以应对。

2. 启停机分析精益化

机组启停过程复杂，启停过程中操作量大，需要掌控的风险点多，机组每次启动或者停运都难以做到完美，或多或少总会遇到不同的情况，这就需要我们认真做好机组启停分析总结，找出存在的问题和应对方式，以便在下次启停操作中改正和优化。

机组启停操作后宜开展机组启停操作分析总结会，由具体操作人员以及专业主管人员对机组启停过程中的亮点和问题进行归纳总结，并形成文件供各级生产人员学习。

3. 事故及异常分析精益化

事故及异常分析是积累运行经验的重要途径。

事故及异常情况发生后，当班人员应将事故及异常全过程（从发现到处理的情况）以及经验总结写成书面材料并提交专业主管人员。专业主管人员应认真对事故及异常处理过程的有关操作进行分析和评价，总结经验教训，并组织其他相关生产人员学习，从而不断提高运行水平。运行分析管理精益活动可以重点从以下几个方面开展：

（1）了解机组设计数据，检查机组设备目前的性能状况，分析节能潜力。

（2）从机组设备和运行方式两方面进行改进和试验调整，确定机组的最佳运行方式和可能达到的性能指标。

（3）根据机组实际情况，建立机组性能计算及耗差分析模型，研制机组在线数据采集系统、机组性能检测计算系统。

（4）实施机组性能在线监测，为运行操作人员提供在线优化指导。

（5）建立以供电煤耗率、发电耗水率、环保耗材成本、厂用电率等为考核指标的综合节能管理体系。

（6）建立以发电量、运行小指标和环保指标等为依据的值班员评价体系，并利用计算机在线系统进行动态运行奖惩。

（7）通过内部对标和行业对标相结合的方式实现指标同期环比、同期同比、同行业先进指标对比，并以此为依据，查找和分析差距与自身的不足，完善现有的管理制度、工作方法、作业流程，不断提高运行管理水平和经济、环保运行质量。

（8）建立以在线检测系统为基础的机组运行优化管理考核机制，明确运行人员、专责人员及有关部门领导等对机组运行优化管理的职责要求。

（9）定期总结，对机组不断进行优化，确定新的优化目标。

（七）标准化

建章立制，规范精益管理工作。在运行精益管理中全面推行标准化管理，完善《机组运行全过程管理标准》《技术资料管理标准》等相关制度，使每项操作都有具体指导，每个环节都得到有效控制。从精益管理制度建设上抓落实、促成效，全面贯彻精益管理决策和部署，强化运行部门精益管理工作。

第三节　运行管理规范化

运行精益管理要求企业的运行工作必须遵循“精益思维”。“精益思维”的核心是对企业运行管理全流程进行全面梳理，持续改善，消除各环节存在的不必要“浪费”，创造出尽可能多的价值。

发电企业设备运行管理全过程主要包括以下内容。

一、运行交接班管理规范化

交接班制度是运行管理的一项基本制度，是保证安全生产的一项重要组织措施。明确交接班双方的责任、义务是避免因交接不清而发生异常或事故的有效手段。

（一）交班前1小时内交班人员的准备工作

交班值长、主值人员应完善交班日志：

（1）机组启停操作情况。

（2）设备异常情况，事故、异常处理情况。

（3）设备启停操作情况。

（4）工作票办理及缺陷消除情况。

（5）重要缺陷检修和交付情况。

（6）定期工作执行情况。

（7）工作联系情况。

（8）保护投停情况。

（9）试验情况。

（10）调度命令执行及汇报情况。

（二）交盘前监盘人员的准备工作

（1）查看所有画面，检查设备参数是否正常。

（2）交盘人员准备交盘内容：监盘期间进行的主要操作；当前的设备

运行方式；设备存在的缺陷、参数异常变化情况。

（3）需要交代的其他注意事项。

（三）交班前巡检人员的准备工作

（1）完善巡回检查记录，主要包括设备存在的缺陷、需要重点巡检的设备、需要交代的其他注意事项。

（2）清理所辖区域卫生。

（3）检查、整理工器具。

（四）接班班组人员的准备工作

接班巡视人员检查和准备必备工具：通信工具、手电筒、听音棒、测温仪等。

交班负责人按交接班记录本内容向接班人员交代。接班负责人向交班负责人询问设备存在的问题。

接班前的检查：接班检查由于时间短，只能对设备进行粗略检查，通过看、听、嗅、摸对设备的运行状态做出大致判断，使接班人员对系统、设备的当前状态有大致了解。

接班检查是对交班班组最后一次巡检和接班班组第一次巡检的有力补充。接班检查的合理分工很重要，分工不合理会造成漏检或检查时间过长，耽误班前会。接班检查一定要到位，这是接班人员对自己接班后的安全负责。部门管理人员对接班检查要不定期抽查。

1．接班值长接班前的工作

（1）查看运行日志，了解未值班期间机组的运行情况。

（2）查看操作预告、下发的技术措施、工作票办理情况、设备存在的缺陷、正在进行的操作进度情况、重要的检修交代、机组运行主要参数、上级通知、领导指示等。

（3）若发现疑问，要向交班负责人询问清楚。

2．接盘人员接班前的工作

（1）听取交盘人员的交代。

（2）全面查看所有画面、参数，熟悉机组的运行状况、设备运行方式。

（3）交接班出现问题比较多，所以检查时不要只看参数数值，也要检查控制这些参数的控制器的状态（指令、反馈），有个大致的判断。

（4）若发现疑问，要向交班人员询问清楚。

（五）接班前检查注意事项

接班人员在正式接班前不得进行设备操作；处理事故时，可在交班值长、机组长的指挥下协助处理事故。

1. 检查中的异常处理

如设备异常危及重要辅机或机组的安全，应立即向值班负责人汇报；如危及人身安全，接班人员有权按有关规程立即处理，事后应及时向值班负责人汇报。

2. 交接班的“五交清”“五不接”

“五交清”：

（1）设备运行方式，设备启停、切换、试验及注意事项交代清。

（2）设备检修情况及已做好的安全措施交代清。

（3）设备存在的缺陷及其应急处置措施交代清。

（4）公用工器具、资料及领导指示、工作安排交代清。

（5）预计下个班要进行的重大操作及其技术措施交代清。

“五不接”：

（1）运行方式不清不接。

（2）正在进行事故处理或重大操作及异常情况未查明原因不接。

（3）记录不全、公用工器具缺失原因不明、领导要求不清楚不接。

（4）设备缺陷不明确不接。

（5）所辖区域卫生不清洁不接。

（六）班前会

召开班前会是非常有必要的，是保证接班后一段时间内安全的重要环节，目的是让全班人员清楚地了解机组当前的状况，接班后除开展正常的工作外还要做哪些工作，需要注意哪些问题。大家相互提醒，做到心中有数。

接班前10分钟接班值长主持召开班前会。各岗位人员汇报接班前的检查情况：检查中发现的设备缺陷、隐患；原有设备缺陷、隐患的发展情况；盘面检查情况；公用工器具检查情况；文明生产情况。参加班前会但接班检查未全部完成的人员，应在班前会前向值长汇报已检查的情况并接受值长的工作安排。接班值长安排本班具体工作。

二、运行监盘规范化

监盘工作是保证机组安全、稳定、经济运行极为重要的一环。做到参数监视全面、到位，调控精细，异常发现及时，判断准确，处理果断、迅速是监盘工作的最基本要求。

（一）交接盘要求

1. 交盘人员应向接盘人员详细交代的内容

（1）监盘期间进行的主要操作。

（2）在参数调控方面取得的经验及注意事项。

（3）设备存在的缺陷、参数异常变化情况。

2. 接盘人员应做好的工作

（1）全面查看所有画面、参数，熟悉机组的运行状况、设备运行方式。

（2）认真听取交盘人员的交代。

（3）根据公司、部门的相应反措、操作指导做好事故预想。

（二）监盘的要求

（1）监盘时不得做与监盘工作无关的事。

（2）监盘人员若因故需暂时离开监盘岗位，应由有资质的人员替盘并按交接盘的要求做好交接盘。

（3）监盘人员应定期全面查看机组所有画面、参数，间隔时间以不超过 20 分钟为宜；重要参数、存在异常的设备参数以及运行不稳定的设备参数要实时监视。

（4）多人监盘时，要做好分工，避免同时监视同一画面、参数。

（5）进行操作、调整前，监盘人员之间要相互沟通、提醒，做好配合。

（6）设备出现异常时，监盘人员应及时向值长汇报，必要时请求增派监控人员。

（7）定期工作应有专人执行，监盘人员不得兼任操作人；操作前定期工作执行人要向监盘人员交代清楚所要进行的操作，监盘人员注意监视有关参数并做好相关的事故预想。

（8）出现报警信号时，监盘人员要及时、仔细查看报警内容，然后进行相应的处理。

（9）严格遵守抄表规定，抄表过程中如发现数据与上一个点相差较大，应及时汇报。

三、巡回检查工作规范化

巡回检查是运行人员准确掌握设备的实际运行状况，积累设备运行第一手资料，及早发现设备异常并采取相应处置措施，减少或避免设备损坏，保证机组安全、经济运行必不可少的重要措施。运行部门应根据所辖系统、设备的范围制定切实可行的巡回检查制度，明确规定详细的、符合现场实际的定期巡回检查时间、路线；巡回检查质量取决于巡回检查人员的经验、水平以及责任心，因巡回检查不到位、巡回检查质量低造成的事故不在少数。

（一）巡回检查前的准备

查阅巡回检查记录，了解上个巡回检查点的巡回检查情况，熟悉设备运行情况；了解正在执行的工作票情况，本班已执行的设备切换情况以及准备执行的设备切换工作等。

（二）巡回检查的执行

（1）外出巡回检查时，巡回检查人员应征得班长的同意并听取其交代注意事项，包括恶劣天气的安全注意事项；需要重点检查的项目；危及人身安全的汽、水、油管道或阀门泄漏点。巡回检查过程中，巡回检查人员应始终与控制室人员保持通信畅通；发现外来无关人员应询问清楚，必要时汇报值长。

（2）定期巡回检查要严格按照《巡回检查制度》规定的时间、地点、路线进行，不得越时、跨点、跨线检查，严禁漏检。

（3）重点巡回检查要严格按照值长的安排进行，检查对象主要包括已发现存在异常的设备，易发生故障的系统、设备，新投入运行的系统、设备，处于特殊运行状态或在恶劣条件下运行的系统、设备，大、小修后处于试运行阶段的系统、设备。

（4）巡回检查人员检查时要集中精力，按规程规定的检查项目、内容进行检查，要做到“六到”：走到、看到、嗅到、听到、摸到、分析到，通过看、听、嗅、摸对设备的运行状况进行综合分析判断，及时发现设备隐患。

（5）巡回检查人员检查时要如实地抄录设备的就地参数并与前一次记录的数据进行比较，若发现参数异常应及时向班长汇报。

（6）备用设备要视同运行设备。

（7）巡回检查人员发现作业现场有无票作业、违章作业现象时应立即制止，并向班长汇报。

（8）在巡回检查过程中，巡回检查人员应了解设备检修工作的进度，若发现作业现场有安全措施变动，安全标示牌不齐全，检修设备与运行设备的系统隔绝不可靠等异常情况，应及时通知检修人员停止工作，收回工作票，并向值长汇报。

（9）巡回检查人员应对巡回检查路线中的厂房建筑、门窗、地面及沟盖板等安全设施进行外观检查。

（三）巡回检查中异常情况的处理

巡回检查中异常情况的处理十分重要，处理异常时要避免将异常扩大，一要保证人身安全，二要保证机组的安全，三要保证设备的安全，因此，巡回检查人员与主控（监盘人员）及时沟通（汇报）非常重要。

（1）巡回检查中机组发生故障时，巡回检查人员应按值长或主值指令参加事故处理，并保持通信正常。

（2）巡回检查中发现设备异常时，如未危及人身、设备的安全，巡回检查人员可自行处理，巡回检查结束后再向主值汇报，处理时应注意避免影响范围的扩大。如设备异常危及重要辅机或机组的安全，应立即向主值汇报并根据其指令进行处理；如设备异常危及人身安全，应立即进行处理并及时向值长汇报。

（四）巡回检查时的安全注意事项

（1）巡回检查人员在进入危险区域或接近危险部位（如高温、高压、有毒气体等）检查时，应严格执行《电力安全工作规程》规定的安全事项。

（2）进出配电室时必须随手将门锁好。

（3）要注意作业现场的井、坑、孔、洞或沟道，防止跌倒摔伤、跌落，并保证照明充足。

（4）雷雨天气需要巡视室外高压设备时，应穿绝缘靴，严禁打伞，且不得靠近避雷器和避雷针。

（5）雷、雨、雪、雾（霾）等极端天气时不得靠近支柱式绝缘子设备，防止闪络触电。大雪、冰冻天气时应远离高压线，防止落冰或断线伤人，还要特别注意建筑物上的落冰。大风、沙尘天气时应注意躲避高空落物并佩戴必需的防护用具。

（6）不能随意触摸无保温材料防护的管道，防止烫伤。

（五）对运行各级人员的巡回检查要求

巡回检查工作不单单是巡回检查人员的工作，巡回检查人员以上岗位的人员也有巡回检查的责任和义务，因为他们的经验较丰富，更能及时发现设备隐患。

值长要根据实际情况，适当安排副值及以上岗位人员进行巡回检查，每个轮值对各自责任区域至少巡回检查一次。

四、设备定期工作管理规范化

设备定期试验及轮换是确保备用设备、电气和热工自动装置、保护装置、信号装置能正常发挥作用的一项重要措施。运行人员必须按定期试验、轮换项目表规定的内容及要求进行设备定期试验及轮换工作，并做好记录。运行部门应根据现场实际情况制定切实可行的设备定期试验及轮换制度，明确工作计划清单并经公司批准，在设备异常时及时更新。

（一）定期工作前的准备

（1）值班负责人安排执行定期工作的操作人、监护人进行相应的风险分析。

（2）需要使用操作票的操作应履行操作票程序。

（3）需要在部门专工或以上岗位人员到位或检修人员配合下才能进行的定期工作，值班负责人负责联系，在上述人员到场后再进行操作。

（4）值班负责人通知相关岗位人员做好操作前的准备工作及事故预想。

（二）定期工作执行时的注意事项

（1）按设备投运前规定的检查项目及内容进行备用设备投运前的检查，将检查情况汇报给值班负责人，并汇报备用设备投入运行后的运行情况。

（2）值班负责人通知相关岗位人员做好操作前的准备工作及事故预想。

（3）定期工作执行中如发现设备异常或危及人身安全的情况应立即终止操作，采取必要的措施并逐级汇报，及时联系检修部门处理。缺陷消除后，重新执行该项定期工作。

（4）备用设备投入运行并检查正常后，停运原运行设备并及时将其转为备用状态，连锁开关的位置要及时变换，然后再次检查系统运行是否正常。

（5）如定期试验结果与上次有较大差异，应分析原因，将情况汇报给值长、运行部门专工或以上岗位人员，联系有关部门人员检查、处理。

五、操作票管理规范化

操作票是运行人员在生产设备及系统上进行操作的书面依据和安全许可证，在电力生产设备及系统上进行操作，必须执行危险点分析预控制度、操作票制度和操作监护制度。

（一）操作票的有关要求

各单位要根据电力系统的规定制定适用本单位的操作票管理规定。

安环部要根据本单位的操作票管理规定制定适用的操作票管理制度，明确以下内容：哪些岗位的人员具备哪些操作的操作人或监护人资格；哪些操作需要哪个等级的监护（无监护、单人监护、双人监护）；哪些操作需要使用操作票；哪些操作必须由值长签字批准；对票面的统一要求，例如开始时间、结束时间、相关人员如何签名；操作票如何保存等。

运行值班室应设置存放工作票、操作票的公用文件柜，检修工作结束后安全设施一定要按照隔离时操作票上的项目进行恢复，避免漏项。

运行部、安环部按分工每月抽查已执行的操作票，在操作票备注栏内填写存在的问题和改进意见，并签名。

（二）操作票执行过程中的注意事项

（1）防止走错间隔，操作人、监护人要分别核对所操作设备的名称、编号、位置及实际运行状态。

（2）操作人、监护人要严格按各自的分工执行操作任务。

（3）在操作人操作时，监护人严禁做与监护无关的事，比如打电话、查看其他设备等。

（4）操作人要严格按照监护人的操作命令进行操作。

（5）跟班学习人员严禁私自操作。

（6）对于带地刀的开关柜，进行停/送电操作时，操作人、监护人一定要分别检查、核对地刀的位置。

（7）挂地线时一定要先接好接地端再接设备端，拆地线时反之。

六、值班记录管理规范化

值班记录是反映机组运行的全过程情况及实际生产情况的依据，是生产管理人员了解现场设备运行状况的重要平台。值班记录管理规范化要求如下：

（1）调度管辖设备检修申请：包括检修性质、项目、停电范围、检修时间、影响出力因素、紧急恢复备用时间及对系统的要求等。申请批准后，记录批准人、工期，并填写通知单。

（2）设备检修申请：包括检修性质、工作内容、申请时间、批准时间等。

（3）机组启停：包括主机、主要辅机操作时间、参数，影响启停的原因。

（4）事故、异常处理情况：包括事故的起止时间、所发信号征象、保护动作情况、原因、处理过程。

（5）设备启停：包括设备启停原因及时间、试运行工况、工作票办理（包含工作票票号、工作内容、所采取的主要安全措施、检修开工时间和预计工期、工作票延期、试转验收情况、工作终结时间等）及缺陷消除情况。

（6）检修交代：重要缺陷检修工作结束后应简要记录检修交代情况。

（7）定期工作：包括定期工作的内容、执行情况、存在的问题及处理情况等。

（8）工作联系：包括联系时间、联系人、联系内容。紧急情况的处理应记录检修人员到位时间。

（9）保护投停：包括停用（投入）保护时间、原因、批准人。

（10）试验：包括试验内容及时间、试验工况、对机组设备的影响。

（11）命令及汇报：包括发布命令人、命令内容、执行情况、汇报时间、汇报内容、接受汇报人。

（12）值班记事中记录的事件要形成闭环，做到前有因后有果，不能只有因没有果，也不能只有果没有因。

第四节　发电企业运行精细化管理实施

一、抓好安全环保管理

坚持“安全第一、预防为主、综合治理”方针，牢固树立“机组长周期运行就是最大的效益”意识。

（1）加强安全工作组织领导，强化安全生产责任制。实行安全生产目标管理，提高安全生产执行力，强化安全监督与考核。要认真落实安全生产责任制，完善各项安全生产制度，构建并完善三级安全体系。明确各班组的安全目标、责任和考核标准，让安全目标明确，责任清晰。严格落实生产责任“四不放过”原则及各项安全考核制度，发现违章行为立即制止，并及时通报、教育、考核，从根本上杜绝违章行为。

（2）严格执行“两票”制度，各级管理人员应加强对现场运行人员行为规范的监督、检查，强化“两票”制度执行的检查和考核。部门管理人员要深入现场多引导、多指导，发现问题及时纠正，对共性问题及时通报、考核，使运行人员养成自觉、严肃执行“两票”制度的习惯，并树立正确的安全生产责任意识。

（3）认真学习上级公司下发的各类事故通报、安全周报，按照“规定动作”的要求，举一反三，对照事故案例排查隐患，按照规章制度进行整改，按计划开展季节性安全检查、防汛安全检查、应急演练等常规性检查，逐步提升各级人员安全技能水平。

（4）强化环保红线意识及环保设施管理。加强对环保指标的监视、调整，不断优化运行方式，杜绝污染物超标排放。

（5）丰富培训手段，推动安全人本化进程。树立“零伤害、零误操作、零非停”目标，坚持以人为本，不断创新、丰富培训手段，通过开展“人人上讲台”“讲课进现场”“仿真机技术比武”等活动努力为所有人员提供提升技能水平的机会和平台，力争通过提升人员素质实现“三零”目标。

（6）创新培训方式。把精益管理培训方式延伸，立足各专业、各岗位实际，开展与提高员工自身能力密切相关的各类培训活动。定期开展班组内的技术交流、课题研讨，帮助员工及时掌握最新技术，不断进行知识更新和积累。举行“零误操作”“全能值班”培训，及时汇编、组织员工学习典型事故案例，有针对性地开展桌面演练、仿真机演练，提高员工异常分析及处置能力，为机组安全、稳定运行提供技术保障。

二、强化运行规范管理

（1）按照运行规范化管理要求，整理、修编各种运行管理制度、运行措施和应急预案。严格按照制度进行管理，切实做到以制度管人、以制度管事。

（2）根据技改项目的实施，适时修编运行规程和系统图，加强人员培训，保证技改设备正常投运和机组安全运行。

（3）持续开展运行规范化执行情况“周通报”活动，督促运行人员学习整改，保证各类问题被及时发现、及时整改、持续改进，不断提升运行规范化管理水平。

三、完善燃煤掺烧管理（火电运行）

主动应对煤炭市场变化，在满足机组安全生产的前提下，努力降低燃煤成本，合理进行燃煤掺烧。各发电企业应优化、调整燃煤掺烧组织机构，简化管理流程，加强“采购—接卸—存储—掺烧”一体化调度管理，加大奖惩力度，提高管理效能。

物料部以生产需求为基础，分析煤炭市场预期，制订燃煤采购策略，调整燃煤库存结构。燃管部制订接卸计划，缩短进口煤报关、放关时间，盘活库容，提高煤场使用效率。发电部主导厂内燃煤生产调度与掺配煤日常监督和管理，确保掺烧安全，提高掺烧经济性。维修部加强设备可靠性管理，提高输卸煤设备、制粉系统、环保设施等的健康水平。生技部以生产安全、环保、经济为前提，以不断降低燃煤成本为目标，加强燃煤“采购—接卸—存储—掺烧”一体化调度管理。

掺烧安全管理方面，针对进口煤煤质差异大、易结焦、易爆燃、水分大等特性，由多部门组成掺烧小组并实行掺配煤动态管理，以问题为导向，不断总结提炼，优化掺烧模型，完善掺烧措施，夯实安全掺烧技术基础。针对掺烧工作的重点、难点问题，成立掺配煤技术攻关小组，摸索建立煤掺烧试验模型，解决掺烧重难点问题。

四、全面细化对标管理

（一）开展对标管理

对标管理是指以领先企业或行业水平为标杆和标准，或以公司下达的年度计划、半年度计划、月计划、周计划为根据，对运行生产中的安全、经济、环保等环节进行对比分析的过程。对标管理是贯穿整个生产环节的管理活动，是运行管理的核心要素。通过采取内部对标和行业对标相结合的方式实现指标同期环比、同期同比，同行业先进指标对比，并以此为依据，查找和分析差距与自身的不足，完善现有的运行管理制度、工作方法、作业流程，不断提高运行管理水平和经济、环保运行质量。

（二）围绕公司各项管理要求，制定对标指标项目

对标指标项目主要包括以下方面：

（1）市场营销管理：发电量、发电设备平均利用小时、两个细则考核奖励。

（2）安全管理：安全指标。

（3）节能管理：综合厂用电率、发电水耗率、发电油耗、主蒸汽压力、主蒸汽温度、再热蒸汽温度、过热减温水量、再热减温水量、真空度、给水温度、排烟温度、补水率、飞灰可燃物等。

（三）细化对标工作的管理要求

（1）利用经济指标绩效系统，建立对标管理日监督机制，根据指标特性采取动态管理或每日发布信息，激励各班组学先进、找差距、抓管理、调措施、争上游。

（2）为充分调动全体员工的积极性和创造性，提高对标工作的效率和效果，促进对标管理工作的开展，对标管理情况要落实奖惩考核，考核采用效果考核和工作考核相结合的方式。积极开展精益管理活动，全面落实精益管理。坚持“全员、全过程、全方位”的推进思路，以部门大课题为统领，自上而下发动，自下而上响应，突出问题导向，聚焦运行安全生产、经济指标管控等关键生产经营要素，全面诊断，消除资源浪费和管理短板，建立各层次、各领域精益管理研究课题，形成完善的“大课题树”结构，形成全员参与精益管理的良好氛围，不断优化运行方式、优化指标，实现企业提质增效目标。

五、提升运行指标管理

从运行分析和作业评价两个方面加强运行指标精益管理，建立分析评价标准，规范管理流程。通过运行分析及时发现存在的问题，优化运行方

式，不断提高运行人员能力，提高运行操作水平；结合作业评价，实现岗位工作量化评价是实现运行指标规范化管理和常态化管理的有效手段。

运行指标精益管理手段主要有应用精益化的工作理念和诊断分析工具，通过分析和优化机组系统运行方式，拓展思路，解决发电企业面临的实际困难，提高低成本运营能力。

（一）运行指标分析的精益方式

1．节能运行分析

节能调度优化：开展电量营销，提高机组负荷率；积极争取开展机组负荷分配优化。

机组启停优化：通过控制启停时间节点、优化辅机运行方式等，实现缩短启停机时间、减少启停机能耗。

供热优化：在满足供热需求的基础上，优化热泵运行方式，确定机组在纯凝、供热等不同状况下的运行方式。

低负荷运行优化：在深度调峰的情况下，制定机组经济运行方案。

辅机节电优化：编制不同辅机在不同工况下的节电优化方案。

2．节能优化试验

开展各项节能优化试验，指导运行优化、调整。

3．环保运行分析

生态流量优化：制定满足最小生态下泄流量的调度方案。

脱硫运行优化：制定脱硫吸收塔浆液参数优化措施，氧化风机、浆液循环泵、真空皮带机运行方式优化措施。

脱硝运行优化：制定在不同煤质、负荷及燃烧条件下，优化锅炉配风、氧量控制的策略，降低脱硝系统入口氮氧化物含量的措施。

除灰运行优化：制定电除尘高压柜控制方式优化措施。

废水处理优化：做好废水处理和回收工作，有效控制废水排放。

厂界噪声优化：开展厂界噪声监督及有效控制工作。

4．数据智能化分析

智能化分析主要依托 SIS 系统实现，运行管理平台主要设置需要的各类模板、数据从 SIS 系统中直接提取。

分析模板要求具有自行选择时间段的功能，以及导入历史数据、月度计划、设计值等功能，从而实现运行人员和管理人员在系统内直接进行分析。

5. 异常分析

制定应对设备异常停运、主要参数严重异常的异常管理及分析报告制度。

（二）运行指标三级分析制度

1. 运行岗位分析

在指标数据出现异常、超限等情况下，运行人员根据对主要指标的控制情况，分析造成这种情况的可能原因，指导运行人员优化操作。

2. 班组分析

班组分析每轮值开展一次，分析的主要内容包括但不限于设备运行指标偏离设计值情况、设备缺陷和限出力情况、班组重要操作、设备存在的隐患及应对措施、值际指标竞赛情况、不安全事件。

3. 部门（专业）分析

部门（专业）分析的主要内容应包括安全生产情况分析、缺陷隐患分析、节能分析、环保分析、技术监督分析、不安全事件分析、机组启停分析和机组计划检修前及检修后分析等。

安全生产情况分析：对机组运行方式、设备状态、保护装置及运行情况、运行操作等进行分析。

缺陷隐患分析：对机组设备缺陷、隐患状况、采取的处理措施及措施执行效果进行分析。

节能分析：对机组能耗水平、节能潜力开展综合分析。

环保分析：对机组环保设施运行状态、排放指标及环保经济运行情况进行分析。

技术监督分析：对技术监督指标、技术监督项目及问题整改完成情况进行分析。

不安全事件分析：对异常、故障及事故等不安全事件进行分析。分析的流程为班组初步分析、专业审核完善、部门综合审核。

机组启停分析：在机组启动（停运）后对机组的启动（停运）操作

和组织过程进行分析。

机组计划检修前分析：在机组计划检修前，为掌握设备状态，有针对性地制订检修计划并进行分析。

机组计划检修后分析：机组计划检修完成后20天内，为评价机组检修质量，并为运行优化提供依据而进行厂内分析。

（三）运行作业评价机制

建立运行作业评价机制，提高运行操作水平，实现岗位工作量化评价。

制定科学的值班员评价体系（包括发电量、运行小指标竞赛和环保指标竞赛）；设定各岗位人员参与月度绩效评价的指标，依据权重统计汇总出各岗位人员月度工作质量和数量的完成情况，如巡检合格率、操作票操作次数、重大缺陷发现次数，统计出各值班员的参数控制偏差、接收和许可开工数量、终结工作票数量等，形成各岗位人员工作绩效月度累计排名。

第二章　发电运行精益管理实践应用

【案例 3-8】　提高新燃料耦合发电系统固体废物掺烧量

一、课题背景

2017 年，党的十九大报告提出，加强固体废弃物和垃圾处置；此后，国家出台《关于开展燃煤耦合生物质发电技改试点工作的通知》《全国碳排放权交易市场建设方案（发电行业）》《国务院办公厅关于印发“无废城市”建设试点工作方案的通知》等相关政策。永安发电公司为实现降本增效目标，有效利用循环流化床锅炉燃料适应性广的特点和环保装备超净排放的优势，将城市固体废物与煤炭混燃进行耦合发电，实现固体废物减量化、资源化和无害化处置。该工艺系国内首创，但因技术不够成熟，掺烧量未达预期。

新燃料耦合发电系统生产流程如图 3-49 所示，一般固体废物经上料链板机输送至破碎机进行破碎，破碎料通过输送皮带进入缓冲仓，再经发送器及管道以气力输送方式送至锅炉燃烧，依托机组现有的烟气净化系统［炉内喷钙 + SNCR（选择性非催化还原）脱硝 + 静电除尘 + 半干法脱硫 + 袋式除尘］实现超净排放。

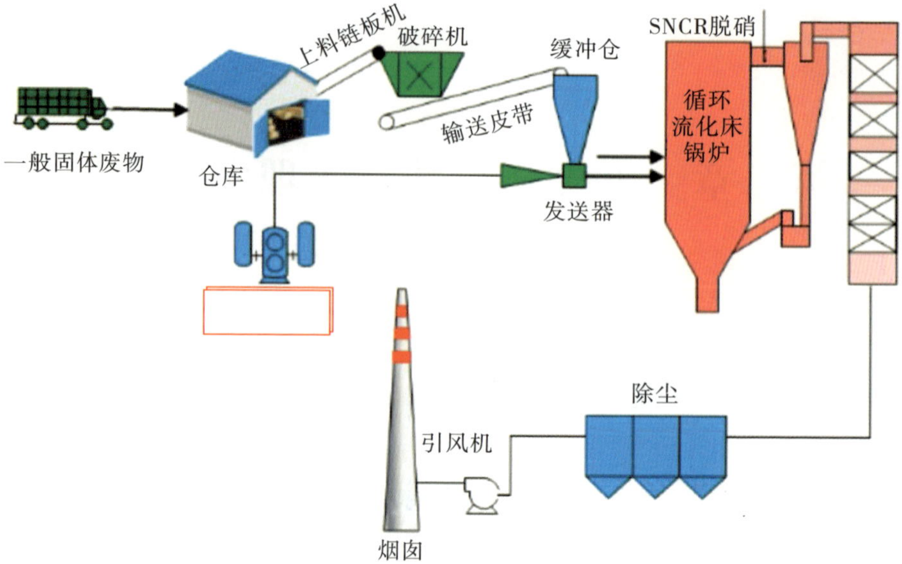

图 3－49　新燃料耦合发电系统生产流程

二、诊断

1. 掺烧量对比

2018 年永安发电公司固体废物总掺烧量仅为 2.67 万 t，固体废物掺烧量较低。

2. 改善目标

2019 年通过管理模式优化及生产系统改进，实现固体废物总掺烧量 12 万 t 的设计目标。

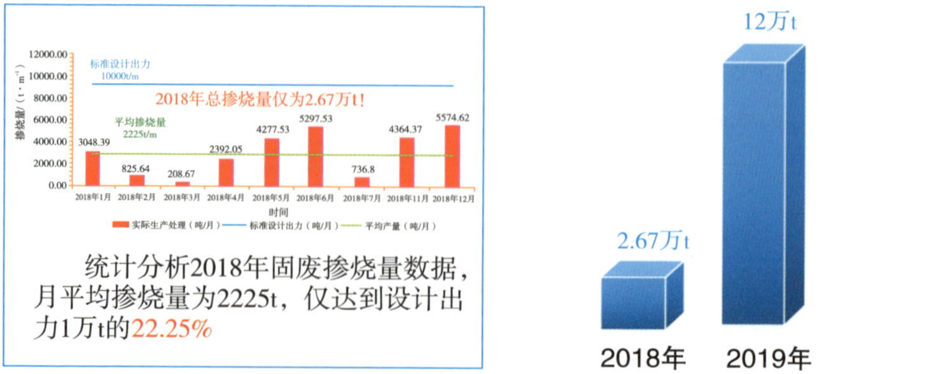

（a）2018年1–12月固体废物掺烧量统计图　（b）2018—2019年固体废物总掺烧量变化

图 3－50　掺烧量分析

三、分析

新燃料耦合发电系统固体废物掺烧量不高的原因思维导图分析如图3－51所示。主要原因如下：

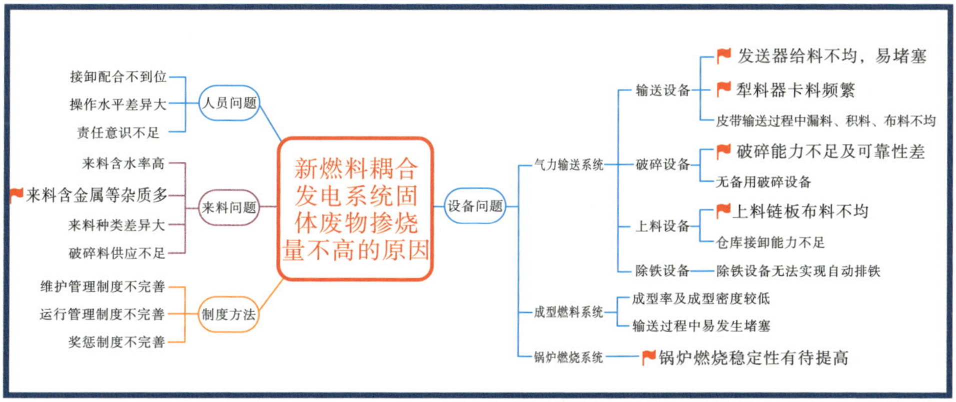

图3－51　新燃料耦合发电系统固体废物掺烧量不高的原因

1. 输送设备原因

通过对2018年气力输送系统故障缺陷统计并进行分析发现：发送器堵塞及犁料器卡料故障缺陷累计占比分别达53.66%、67.29%，设计结构不合理是造成气力输送系统故障的主要原因。

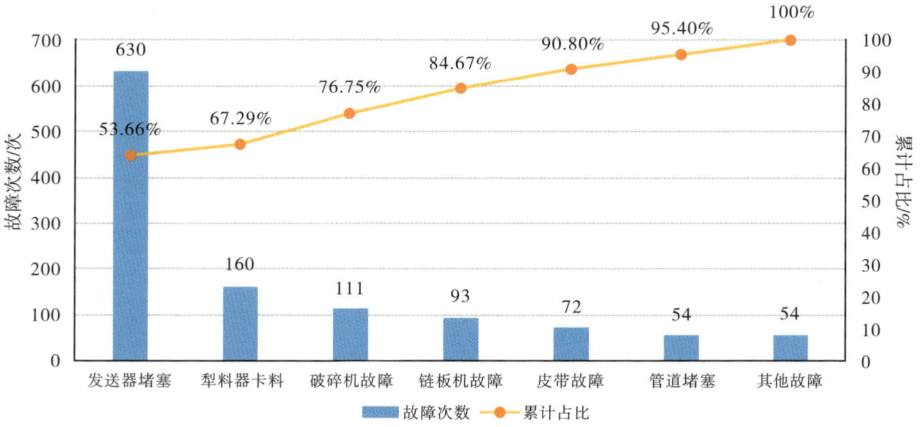

图3－52　2018年气力输送系统故障缺陷统计

2. 破碎设备原因

破碎料尺寸偏大，破碎机频繁自启停及卡堵，其主要原因是破碎设备性能差及可靠性不足。

3. 上料设备原因

上料链板布料不均导致破碎机搭桥频繁。

叉车工技能水平参差不齐，人工开包松散不均，输送过程中出现异常不易被发现。

4. 锅炉燃烧系统原因

固体废物掺烧量达到200t/d以上时，锅炉重要参数（汽压变化率、汽温变化率、SO_2浓度、NO_x浓度）波动较大，因此，锅炉燃烧稳定性有待提高。锅炉重要参数变化如表3－19所示。

表3－19 锅炉重要参数变化

重要参数	波动范围（200t/d以上）	波动差值	波动范围（80t/d）	波动差值
负荷/MW	195～250	55	210～238	28
主汽流量/（$t \cdot h^{-1}$）	674～803	129	—	
汽压变化率/（$MPa \cdot min^{-1}$）	－1.0～+0.9	1.9	－0.4～+0.4	0.8
汽温变化率/（$℃ \cdot min^{-1}$）	－7.3～+5.3	12.6	－3.6～+2.7	6.3
汽包水位/mm	－125～+185	310	－50～+120	170
总煤量/（$t \cdot h^{-1}$）	98～167	69	86～110	24
主汽温度/℃	523～546	23	531～544	13
再热温度/℃	497～542	45	526～542	16
床温/℃	884～929	45	—	
SO_2/（$mg \cdot m^{-3}$）	0～122	122	0.73～52.67	51.94
NO_x/（$mg \cdot m^{-3}$）	14～128	114	20.63～55.28	34.65
入口硫/（$mg \cdot m^{-3}$）	16～2065	2049	331～1913	1582

5. 入厂来料原因

抽查和统计分析结果表明，入厂来料中铁含量占比约0.05%，个别批次占比超过 0.3%，说明入厂来料质量有待提高（图 3－53）。

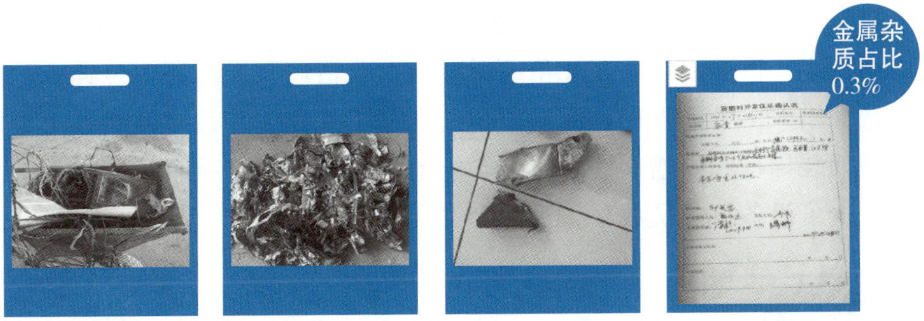

图 3－53　入厂来料情况

四、改善

1. 制定对策

针对设备性能差、破碎能力不足、布料不均、锅炉燃烧稳定性低及来料不合格等问题，通过跨部门合作制定措施改进以达到目标。

维修部：对发送器、犁料器、破碎机等设备进行改进、优化，并提高员工检修水平，扩建厂房，加装破碎生产线。

运行部：增加散料设施，加强技能培训及运维管理，优化燃烧控制系统。

新燃料事业部：加强入厂来料管控。

生产管理部：制定掺烧激励措施。

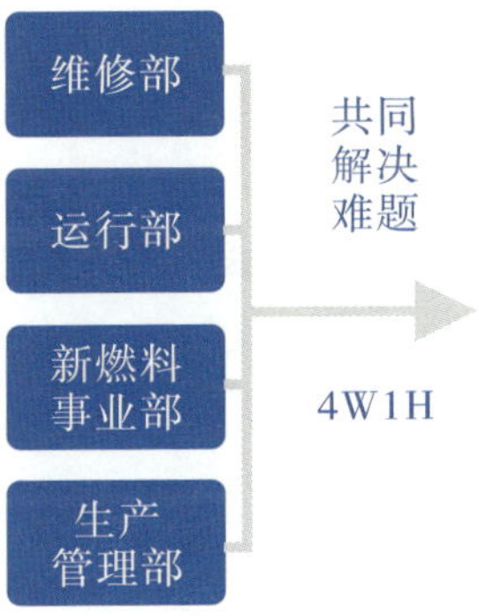

WHY 原因	WHAT 目的	HOW 措施	WHEH 完成时间	WHO 执行部门
设备性能差、结构不合理及可靠性差	设备性能好、设计合理及可靠性强	对发送器、犁料器、破碎机等设备进行改进优化，并提高员工检修水平	2019年9月	维修部
材料经破碎设备破碎后尺寸大，破碎能力不足	仓储能力及破碎能力提升	扩建厂房，加装破碎生产线	2019年9月	维修部
入厂来料不合格	提升来料品质	加强入厂来料管控	2019年9月	运行部 市场营销部 新燃料事业部
上料链板布料不均	上料链板布料更均匀	增加散料设施，加强技能培训及运维管理	2019年6月	运行部
锅炉燃烧的重要参数可控性差	降低重要参数波动率	优化现有的燃烧控制系统	2019年5月	运行部 生产管理部 维修部

图 3－54　部门制定对策以实现目标

2. 发送器设计结构改造

对发送器的设计结构进行改造：改造前，发送器缓冲仓喉部管径小，流通面积小，锥形喷口存在死角造成积料；改造后，发送器由分体式改为连体式，增大了喉部管径和流通面积，消除了死角，并且对发送器上部的溜料槽加装导杆和导槽，使落料更均匀地散布在两侧，减少了发送器的堵塞，减少了设备故障次数（图形 -55）。

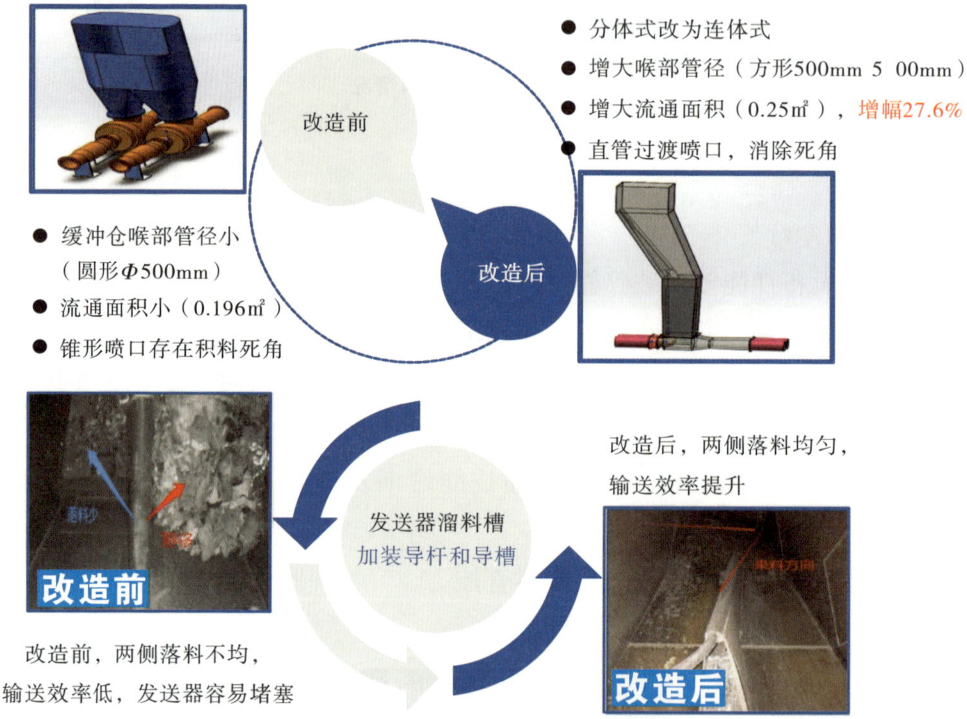

图 3-55 发送器设计结构改造

3. 犁料器设计结构改造

对犁料器设计结构进行改造，采用传统可变槽角托辊结构，破碎料易积塞。加装不锈钢滑板后，皮带与犁刀间更加平整，破碎料不易积塞（图 3-56）。

图 3－56　犁料器设计结构改造

4. 破碎机刀具优化

对破碎机刀具进行优化，3 爪刀具改为 6 爪刀具，破碎料尺寸由 50mm ×200mm 减小至 50mm × 100mm，减小一半，降低料径便于输送（图 3－57）。

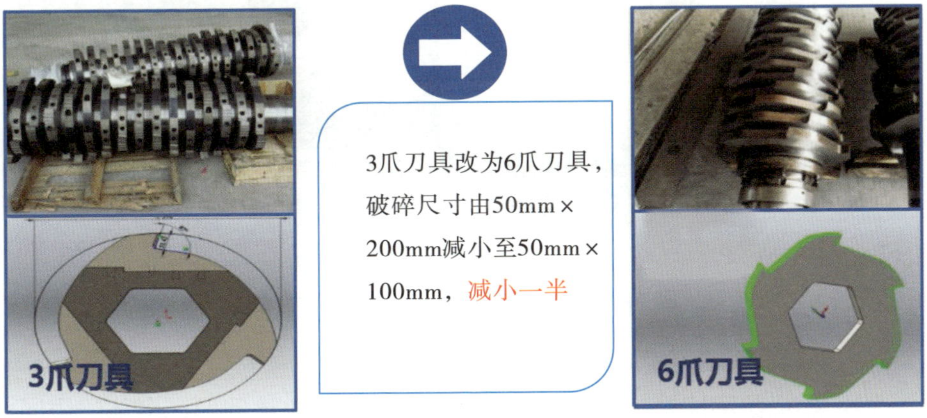

图 3－57　破碎机刀具优化

5. 驱动优化

对破碎机的电机也进行了优化，主要改善了两方面。一是将电机功率由 90kW 增大到 132kW，减速器输出扭矩由 83.04kN 增大至 121.8kN，以增大出力；二是将破碎机电机重载电流值由原先的 280A 调高至 330A，延迟 5 秒，以减少电机频繁正反转次数，确保整体破碎性能。

6. 提高仓储及破碎能力

针对仓储及破碎能力不足，新建仓储车间，仓储能力由原来满足 1 ～ 2 天的掺烧量增加到满足 4 ～ 6 天的掺烧量；同时增配一台新的破碎机，进一步提高破碎能力，并可以对不合格来料进行再破碎。

7. 提高设备可靠性

优化设备检修及安装工艺标准，并严格执行，邀请设备制造厂家的专业技术人员对检修及运行人员进行培训和指导。

8. 提高上料稳定性

通过强化运行管理，提高上料稳定性；制定管理制度，规范叉车作业；优化上料流程，增设抓车散料程序；新增电子监控，精准处置异常，减少破碎机搭桥次数（图 3－58）。

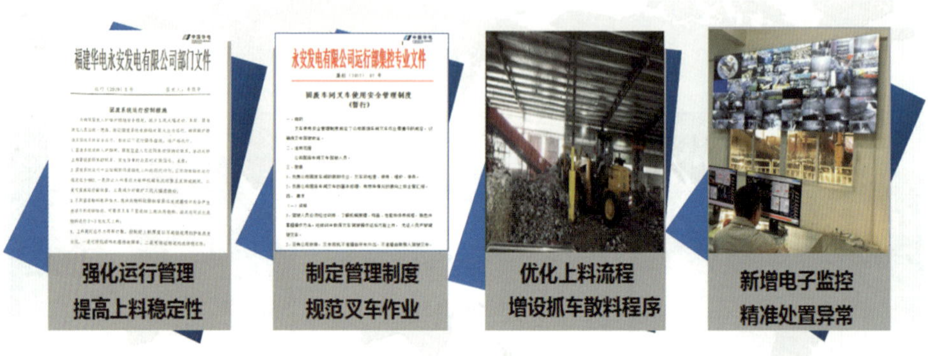

图 3－58 制定措施降低破碎机搭桥次数

9. 锅炉燃烧系统优化

锅炉燃烧稳定性差，导致上料量受影响，为解决该问题，多部门协同成功研发出固废掺烧的燃烧优化控制系统，同时申报了该项专利，图 3－59 是该系统的逻辑图。通过该系统可以很好地控制锅炉参数的可控性，提高

图 3－59 固废掺烧的燃烧优化控制系统逻辑图

锅炉各参数的可稳性，在保证锅炉安全运行的前提下，提高上料量的上限。表 3－20 为锅炉燃烧系统优化前后的参数对比。

表 3－20 锅炉燃烧系统优化前后参数对比

日均掺烧量	200t/d 左右（优化前）		400t/d 左右（优化后）	
重要参数	波动范围	波动差值	波动范围	波动差值
主汽压力/MPa	11.2～17.2	6	13.5～17	3.5
汽压变化率/（$MPa \cdot min^{-1}$）	-1.0～+0.9	1.9	-0.4～+0.4	0.8
汽温变化率/（$℃ \cdot min^{-1}$）	-7.3～+5.3	12.6	-3.6～+3.7	7.3
主汽温度/℃	523～546	23	533～544	11
再热温度/℃	497～542	45	526～544	18
SO_2/（$mg \cdot m^{-3}$）	0～122	122	6～89	83
NO_x/（$mg \cdot m^{-3}$）	14～128	114	31～83	52

10. 生产技术部改善措施

制定掺烧激励措施，助力固体废物掺烧量提升。

11. 来料管控关口前移

新燃料事业部指导并督促供应商加装强磁滚式除铁设备，入厂来料的含铁量占比由 0.05% 降至 0.01%（图 3－60）。

图 3－60 供应商加装强磁滚式除铁设备

12. 入厂来料管控

永安发电公司修订《新燃料验收异常管理规定》，加强来料日常验收管理，定期组织多部门协同抽查，并严格按制度进行奖惩（图3-61）。

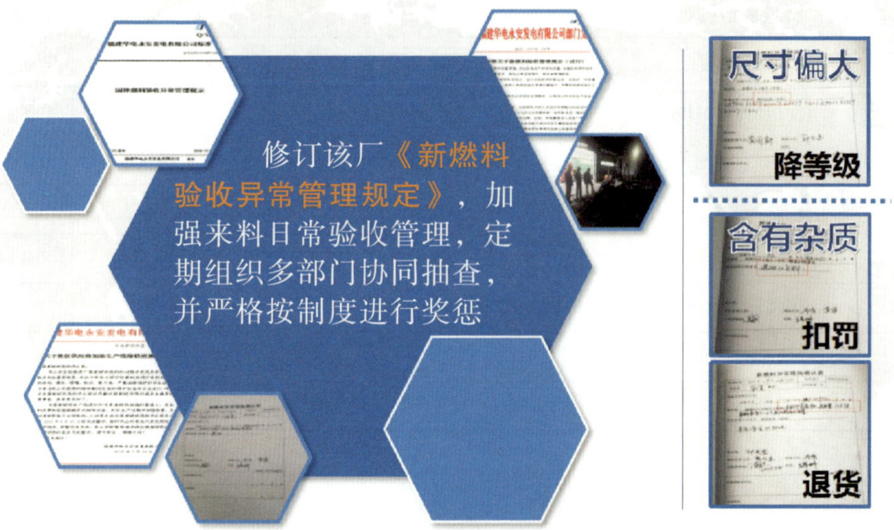

图3-61 供应商来料管理规定

13. 专利成果

永安发电公司申请专利18项，其中发明专利6项，实用新型专利12项，已授权6项（图3-62）。

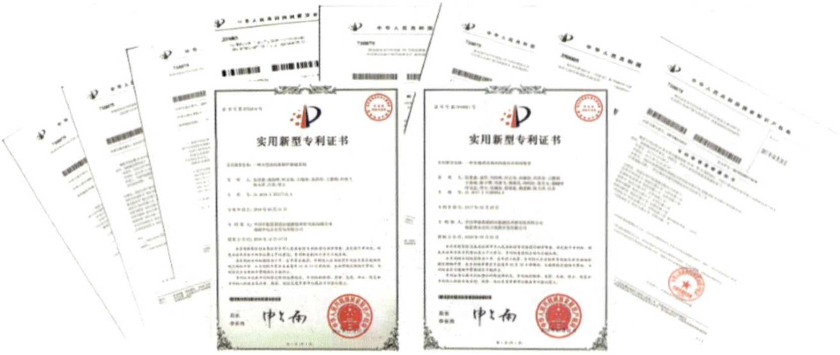

图3-62 专利成果

14. 改善成效

（1）破碎系统平均每月利用小时数由 64.9% 提升至 106.6%，改善幅度为 64.3%；

（2）锅炉重要参数波动幅度由 100% 降低至 40%，改善幅度为 60%；

（3）发送器月平均故障次数由 70 次降低至 26 次，改善幅度为 62.9%；

（4）犁料器月平均故障次数由 36 次降低至 11 次，改善幅度为 69.4%；

（5）破碎机电机正反转日单位小时次数由 1.9 次降低至 0.19 次，改善幅度为 90%；

（6）入厂来料含铁率由 0.05% 降低至 0.01%，改善幅度为 80%；

（7）破碎料尺寸由 50mm × 200mm 降低至 50mm × 100mm，改善幅度为 50%（图 3－63）。

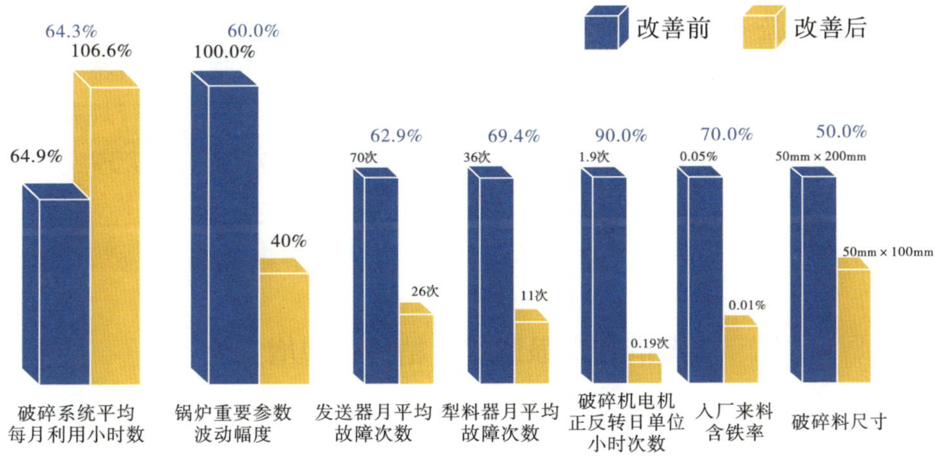

图 3－63　改善成效

15. 精益成果

通过掺烧固体废物实现替代燃煤的目标，进而实现减少碳排放及降低生产成本。2018 年永安发电公司共掺烧固体废物 2.67 万 t，替代燃煤约 1.8 万 t，减少碳排放 4.4 万 t。截至 2019 年 12 月 23 日，永安发电公司共掺烧固体废物 12 万 t，替代燃煤约 8.6 万 t，减少碳排放 22.5 万 t，超额完成本次课题目标，节约成本由 2018 年的 312 万元提高至 2685 万元（图 3－64）。

图3－64　精益成果

五、标准化

通过精益管理，永安发电公司固化了改善成果，并制定了新燃料车间管理规定、新燃料掺烧奖惩办法、新燃料检修规程、新燃料运行规程、卸料安全措施、《新燃料验收异常管理规定》等一系列标准化管理文件及规定。

（本案例由永安发电公司提供）

【案例3－9】　多措并举强调度　精益管理增实效

一、选题背景

（一）背景

2019年7—12月，根据福建公司党委“不忘初心　牢记使命”主题教育领导小组的工作部署，古田溪水电厂开展了为期半年的以“悟初心　当使命　科学调度　经济运行”为主题的劳动竞赛活动。

该厂根据劳动竞赛精神：探寻和挖掘流域调度潜能，寻求有效的解决方案，促进企业效益的提升。

水能利用提高率是评价水电厂运行经济合理性的技术指标，是安全、文明生产达标的考核标准。提高水能利用提高率就是要挖掘现有设备潜力，发挥水库的调节作用，多利用水能发电。

（二）现场调查

2016—2018 年节水增发电量与水能利用提高率如图 3－65 所示。

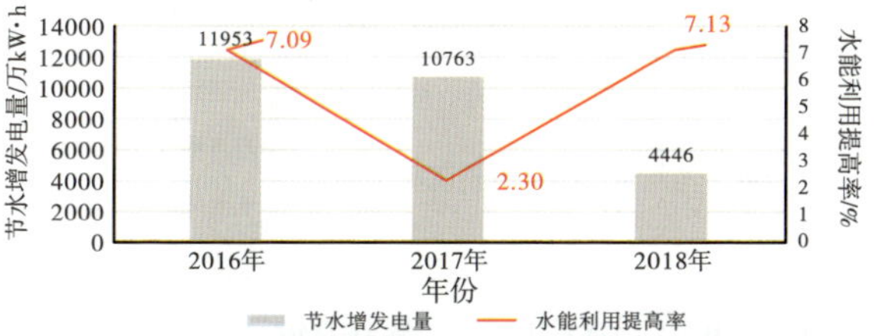

近年来节水增发电量和水能利用提高率达到华电公司考评标准，但指标波动大，且2017年水能利用提高率低至 2.30%（标准为>2%），足以引起古田溪水电厂的警惕

年份	节水增发电量/（万kW·h）	水能利用提高率/%
2016	11953	7.09
2017	10763	2.30
2018	4446	7.13
平均值	9054	5.51

图 3－65　2016—2018 年节水增发电量与水能利用提高率

（三）课题目标

2016—2018 年水能利用提高率均值和课题目标如图 3－66 所示。

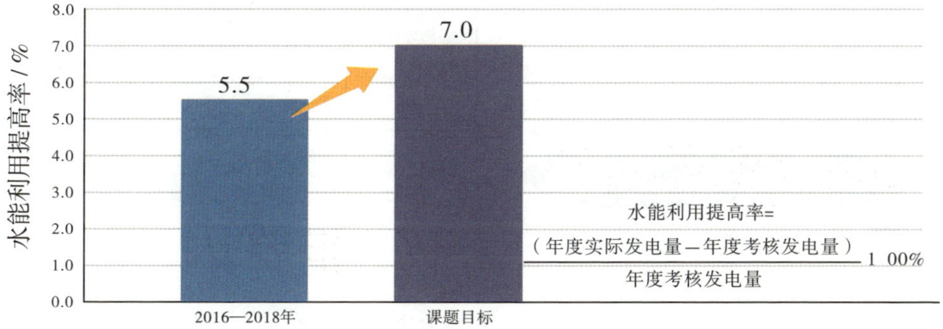

图 3－66　2016—2018 年水能利用提高率均值和课题目标

二、分析

（一）原因分析

根据流域现状，结合经济调度特点，通过思维导图确定末端要因（图3－67）。

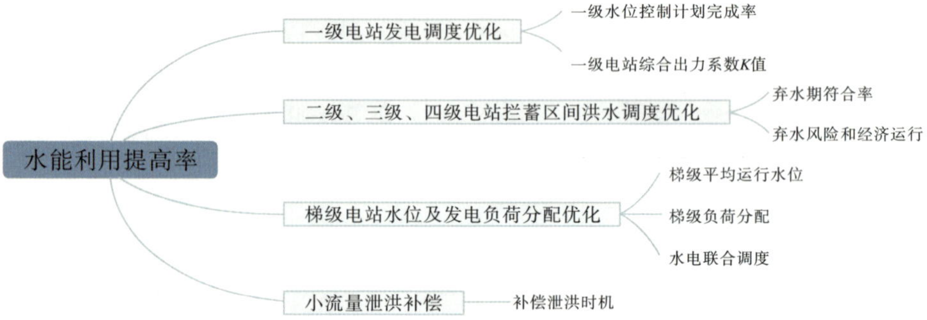

图3－67 水能利用提高率分析

（二）要因确认

1．一级电站发电调度优化

一级电站发电调度优化如图3－68所示。

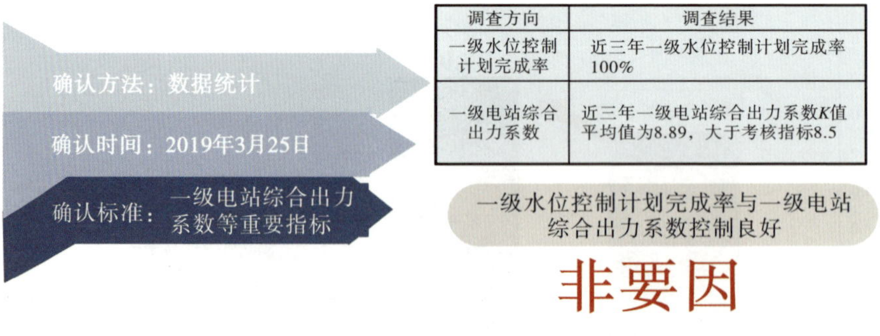

图3－68 一级电站发电调度优化

2．二级、三级、四级电站拦蓄区间洪水调度优化

二级、三级、四级电站拦蓄区间洪水调度优化如图3－69所示。

非要因

调查方向	调查结果
弃水期负荷率	弃水期负荷率100%
弃水风险和经济运行	近三年洪前腾库水位二级251.5m、三级126.0m、四级97m，与经济运行高水位存在矛盾

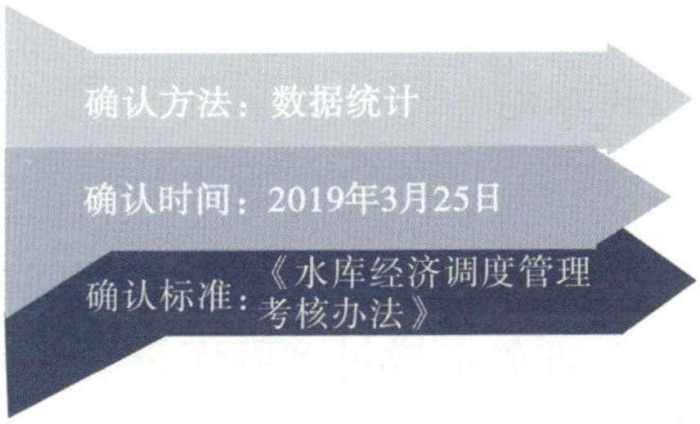

要因

弃水风险和经济运行矛盾，需寻找最优平衡点

图3－69　二级、三级、四级电站拦蓄区间洪水调度优化

3．梯级电站水位及发电负荷分配优化

梯级电站水位及发电负荷分配优化如图3－70所示。

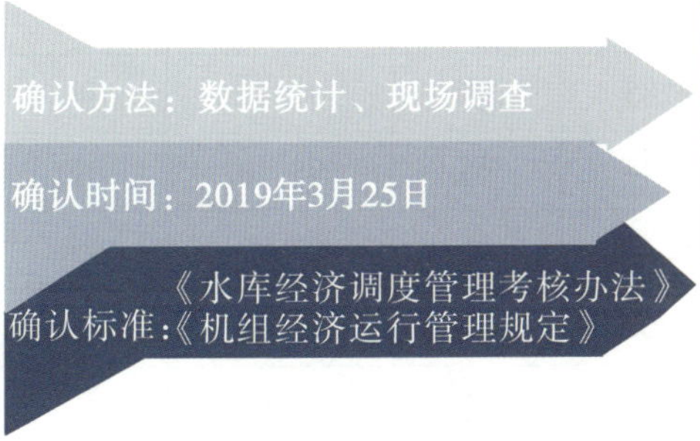

调查方向	调查结果
运行水位	近三年梯级电站平均运行水位分别为253.15m、127.97m、98.97m，尚有提升空间
梯级负荷分配	依靠调度员经验，应对突发天气变化能力不足
水电联合调度	集控中心和水调中心分部门管理，沟通协调滞后

要因

图3－70　梯级电站水位及发电负荷分配优化

4．小流量泄洪补偿

小流量泄洪补偿如图3－71所示。

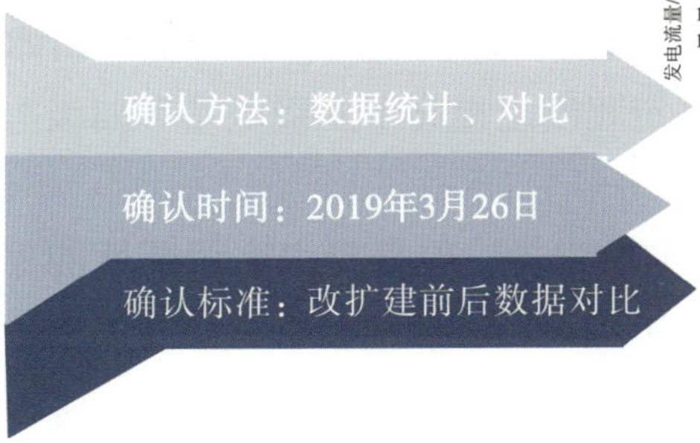

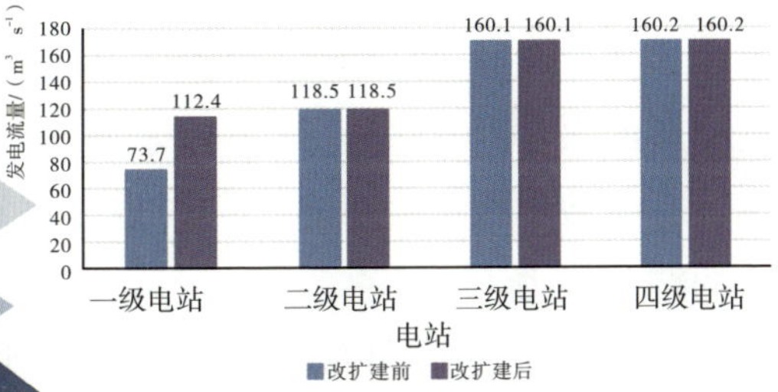

改扩建前后各级电站发电流量对比图

改扩建前梯级间发电流量严重不匹配，补偿调节空间大
改扩建后梯级间发电流量匹配度显著提高，补偿调节空间小

非要因

图3－71　小流量泄洪补偿

三、改善

（一）改善实施一：运行经济，寻找平衡

1. 分析与对策

（1）古田溪下游梯级水库库容小，调节能力差，既要在洪水期间拦蓄洪水增发季节性电能，又要避免因预报不准确造成过度腾库影响经济调度，因此需要在腾库水位与经济运行水位间找到平衡点（表3－21）。

表3－21 腾库水位与经济运行水位

单位：m

洪水场次	二级腾库水位	是否泄洪	三级腾库水位	是否泄洪	四级腾库水位	是否泄洪
20160510	—	是	126.36	否	96.52	否
20160709	—	是	126.85	是	97.46	是
20160915	251.32	是	126.44	是	98.10	否
20160928	252.27	是	126.40	是	97.87	否
20170616	252.00	是	127.00	否	98.00	否
20170801	251.74	是	126.09	是	95.99	是
20180917	252.00	否	127.77	否	98.00	否
泄洪次数占比	—	6/7	—	4/7	—	2/7

二级电站因为区间集水面积大，洪水来时水量大，易发生泄洪。二级电站为高水头电站，额定水头120m，水头变化对耗水率影响小。因此，洪前腾库水位与经济运行水位矛盾小，洪前可以大胆腾库，降低运行水位，既拦蓄本级区间洪水，同时也在一定程度上提高了三级电站和四级电站的调节能力。

（2）三级电站和四级电站区间集水面积小，但自身水库调节性能更低，为低水头电站，水头变化对耗水率影响大，需详细分析洪前腾库水位与经济运行水位的平衡点，水位动态管理需求高（表3－22）。

表 3－22　水头变化 0.5m 三级、四级电站日均损失电量与增发电量比较

	水头降低 0.5m 日均损失电量/（万 kW·h）	重复利用库容 0.5m 日均增发电量/（万 kW·h）
三级电站	0.48	2
四级电站	0.5	1.6

（3）根据二级、三级、四级电站的特点制定了不同天气情况下的水位动态管理控制表（表 3－23）。

表 3－23　梯级电站不同天气情况下的水位动态管理控制

单位：m

	二级电站	三级电站	四级电站
晴好天气	日均 253.5＋	日均 128.5	日均 99.5＋
	最高 253.8	最高 128.8	最高 99.5
天气预报有连续降雨或台风	252	127.3	98.3
连续降雨 10 小时（累计降雨在 30mm 左右）	251.5	127	98
确定降雨过程已结束后	日均 253.5＋	日均 128.5＋	日均 99.5＋

2. 成果

2019 年 1—11 月，梯级水位均高于近三年的平均值，高水头节水增发电量达 1329 万 kW·h，利用区间洪水增发电量达 3990 万 kW·h。

（二）改善实施二：固化经验，精准调度

1. 分析与对策

（1）将经验模型化、数据化，以图表的形式指导负荷分配与水位控制，如图 3－72 所示。

（2）根据机组特性和水库特性，制定不同负荷情况下的开停机策略。

Q_{1-2} \ N_2/Z_2 \ Q_1	10	30	50	70	90	113
20	27871	46346	64769	83146	101470	253.62
40	46346	64769	83146	101470	253.70	253.10
60	64769	83146	101470	253.70	253.18	252.57
80	83146	101470	253.70	253.18	252.65	252.05
100	101470	253.70	253.18	252.65	252.13	251.49
120	253.70	253.18	252.65	252.13	251.58	250.93
140	253.18	252.65	252.13	251.58	251.02	250.37
160	252.65	252.13	251.58	251.02	250.45	249.79
180	252.13	251.58	251.02	250.45	249.89	249.19
200	251.58	251.02	250.45	249.89	249.28	248.59

注：Q_1 为一级水库入库流量（m^3/s）；Q_{1-2} 为二级水库区间入库流量（m^3/s）；N_2 为二级电站出力（kW）；Z_2 为二级库水位（m）。

（a）二级水电站出力与水位控制

Q_{2-3} \ N_3/Z_3 \ Q_2	10	32	54	76	98	119
13	5650	10832	15797	20842	25874	30634
26	8738	13792	18770	23821	28826	33558
39	11751	16689	21760	26784	31761	36483
52	14688	19692	24735	29730	34679	128.97
65	17615	22677	27693	32660	37609	128.52
78	20612	25647	30634	35582	128.79	128.07
91	23593	28599	33558	38508	128.35	127.62

（续表）

N_3/Z_3 \ Q_2 / Q_{2-3}	10	32	54	76	98	119
104	26557	31535	36483	128.66	127.90	127.17
117	29504	34455	128.97	128.21	127.45	126.71
130	32435	37384	128.52	127.76	127.00	126.24

注：Q_2 为二级水库入库流量（m^3/s）；Q_{2-3} 为三级水库区间入库流量（m^3/s）；N_3 为三级电站出力（kW）；Z_3 为三级库水位（m）。

（b）三级水电站出力与水位控制

N_4/Z_4 \ Q_3 / Q_{3-4}	15	46	77	108	139	170
3	4733	12631	20388	28037	35574	99.86
6	5500	13387	21135	28768	36298	99.72
9	6265	14141	21881	29498	37021	99.58
12	7036	14893	22625	30226	37744	99.44
15	7804	15644	23369	30959	38465	99.30
18	8569	16397	24110	31691	39185	99.15
21	9335	17148	24851	32421	39904	99.01
24	10099	17898	25590	33150	40621	98.87
27	10861	18646	26326	33879	41338	98.73
30	11620	19393	27060	34606	42000	98.58

注：Q_3 为三级水库入库流量（m^3/s）；Q_{3-4} 为四级水库区间入库流量（m^3/s）；N_4 为四级电站出力（kW）；Z_4 为四级库水位（m）。

（c）四级水电站出力与水位控制

图 3-72　各级水电站出力与水位控制

2. 成果

（1）安排负荷需要的时间大大缩短，由30分钟缩减至10分钟。

（2）2019年1—11月各级电站环保生态流量达标率超过99%。

（3）据统计，降雨与特殊情况期间，负荷曲线5%上下限利用率达到100%。

（4）2018年及2019年10月与11月枯水期经济水位下限运行天数如表3－24所示。固化经验后，有效减少了调度经验不足造成的水位控制不合理。

表3－24　枯水期经济水位下限运行天数

年份	二级水位252.2m以下运行天数	三级水位127.5m以下运行天数	四级水位98.5m以下运行天数
2018	12	14	5
	占比21%	占比23%	占比8%
2019	0	0	0
	占比0%	占比0%	占比0%

（三）改善实施三：破界管理，定期联调会商

1. 对策

（1）由分管生产的领导牵头，每周召集水调与电调相关人员，会商周发电计划及通报上周发电计划执行情况。

（2）加强内部协调，合理安排检修，避免重复停电。

（3）通过分析设备的技术状况，科学决策设备的检修周期，提高设备可用系数。

（4）优化全厂年度设备停役计划，提高各级电站设备停役的同步性。

（5）综合气象预警，合理安排设备停役计划，减少设备汛期停役，提高水量利用率。

2. 成果

（1）据统计，2019年发电量执行负荷曲线年累计偏差率为0.043%，

2016—2018 年平均偏差率为 0. 076% 。

（2）2019 年 1—11 月，全厂设备运行 4932 小时，同比增幅 75% 。

（四）改善实施四：追踪天气，密切沟通

1. 对策

（1）利用最新的流域天气预警系统（图 3 – 73），对天气状况进行动态掌握。

（2）利用智能电厂科技项目研究技术 GFS 降雨预报系统，提高降雨预报精度，延长预见期。

（3）班员们使用手机 App，随时随地了解 GFS 降雨预报系统内天气的变化情况。

图 3 – 73　天气预警系统

2. 成果

（1）2019 年，节假日前后负荷安排合理，未发生因天气原因导致的发电量执行负荷曲线变化。

（2）能够及时掌握天气状况，根据降雨预报的变化调整水位。

（3）学习雷达图与气象云图后，班员们有能力预测未来 30 分钟内的雨势。

（五）改善实施五：强化培训，积极协调

1. 对策

（1）重视对新来调度人员的培训工作：以老带新，确保新来调度人员不在调度工作上拖后腿。

（2）重视各类培训工作的开展：有针对性地让调度人员参加相关专业

培训。

（3）强化气象预警分析能力：提高水库调度人员日常关注和收集气象信息的积极性，并强化对气象的预警分析能力，提高水库调度的准确性。

（4）外部人员沟通：积极、主动加强与福建省电力调度中心调度人员的沟通，优化机组负荷分配，节水增发电量。同时，积极主动与福建省电力调度中心沟通生态负荷，确保尽量达到最小生态流量的达标率。

2. 成果

（1）发电有功曲线偏差考核：与福建省电力调度中心积极、有效沟通，年度曲线偏差免考核降至 0.046%，基本达到免考核。

（2）汛期有效沟通，在准确预测后期水情的情况下，大胆决定拦蓄洪尾，主汛末拦蓄洪尾最高水位 381.49m，蓄满度 104.07%，通过拦蓄洪尾增发电量 1537 万 kW·h（图 3－74）。

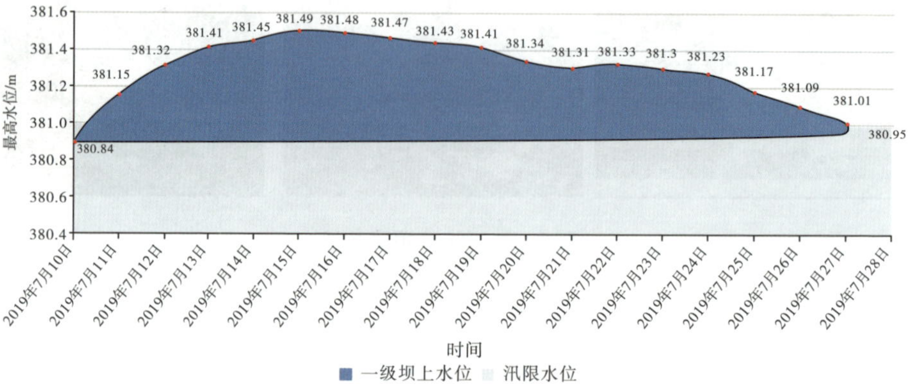

图 3－74　汛期一级水库水位

（六）目标确认

（1）耗水率由课题目标项目前的 1.26m³/s 降低至课题目标项目后的 1.24m³/s。水能利用率由课题目标项目前的 7.0% 上升至课题目标项目后的 7.3%（图 3－75）。

（2）截至 2019 年 11 月，节水增发电量为 7400 万 kW·h，增加企业经济效益约 2070 万元。

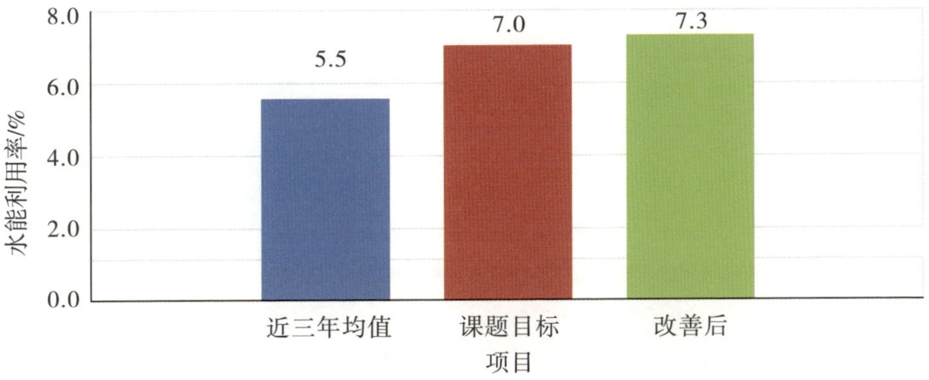

图 3－75　水能利用率

四、标准化

形成以下标准：《古田溪水力发电厂机组经济运行管理规定》《梯级水库水位动态管理制度》《水务管理规程》《古田溪水力发电厂优化调度管理办法》《古田溪水力发电厂生态流量管理办法》《调度规程》。

五、下一步计划

根据近 70 年的历史资料和流域降雨特性，古田溪水电厂将开展一次古田溪水电厂“汛期提前结束”课题研究：若主汛期调整至 7 月 1 日结束，则增蓄一次 1m 的水位，库容增加约 3500 万 m^3，最大限度地发挥水库蓄丰补枯的作用，预计全厂可增发发电量 2800 万 kW·h，为企业增加经济效益约 783 万元（图 3－76）。

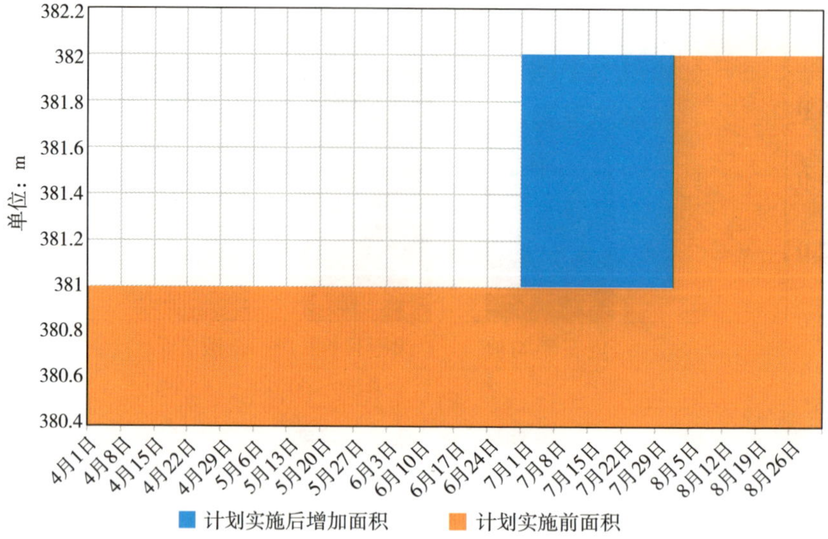

图3－76　计划实施前后总面积图

（本案例由古田溪水电厂提供）

【案例3－10】　机组启动过程锅炉节能精益管理

一、诊断

（一）政策

1. 背景

（1）在国家大力提倡节能减排，走可持续发展道路的大背景下，可门发电公司实行节能优先政策，依靠技术进步节约能源。

（2）可门发电公司提出“价值思维精益管理”的经营理念。

2. 选题必要性

自2016年以来，煤电企业经济效益大幅下滑，短期内很难改变这一现状。煤电机组启动过程能耗高、成本高，已经影响到公司的经济效益。可门发电公司试图通过推行管理降耗、技术降耗的精益管理，达到降低机组启动成本的目的。

（二）对标诊断

2015年度、2016年度平均除盐水、燃油消耗量超标（表3－25）。

表 3-25　2015 年度、2016 年度机组启动主要物资消耗量年平均值

材料名称	除盐水/t	氨水/kg	酸/t	碱/t	混凝剂/kg	燃煤/t	燃油/t
定额值	1200	360	10	12	100	1200	32
2015 年度平均值	2898	229	8	10	88	1025	43
2016 年度平均值	2621	217	8	9	73	1184	40

（三）目标制定

将冷态开机工况下各项物资的消耗量降至标准值（表 3-26）以下，进一步降低开机综合能耗。

表 3-26　开机各项物资消耗量标准

材料名称	除盐水/t	氨水/kg	酸/t	碱/t	混凝剂/kg	燃煤/t	燃油/t
定额值	1200	360	10	12	100	1200	32

二、分析

（一）分析原因

汇总诊断分析历年开机问题，梳理开机过程中影响能耗的因素，解耦分析相互耦合关联的问题。锁定重要因素，确立优化策略的方向，有针对性地制定措施。

（二）启机流程梳理

启机流程如图 3-77 所示。我们发现油、煤、水、电、辅汽等主要生

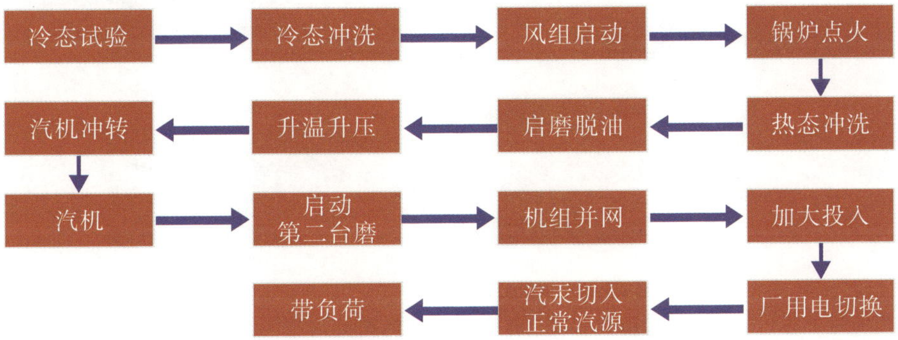

图 3-77　启机流程

产资料的消耗贯穿整个开机过程。

（三）历史数据分析

对开机过程中存在的缺陷进行分析可知：2015 年、2016 年开机过程中存在的缺陷共计 492 条，其中有 120 条直接影响开机能耗水平。机组启动能耗情况如图 3－78 所示。

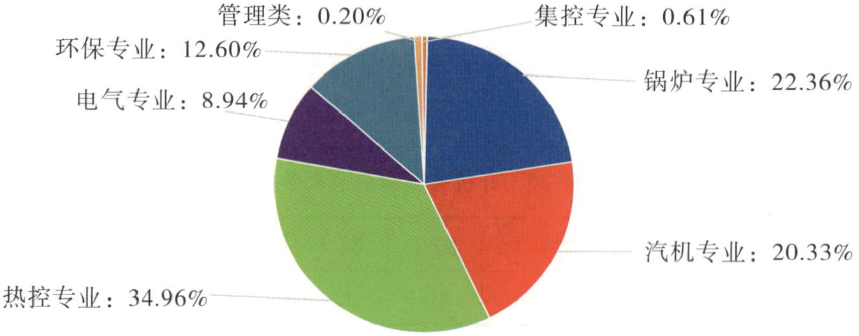

图 3－78　机组启动能耗情况

（四）启机过程能耗高关键原因

启机过程能耗高关键原因如图 3－79 所示。

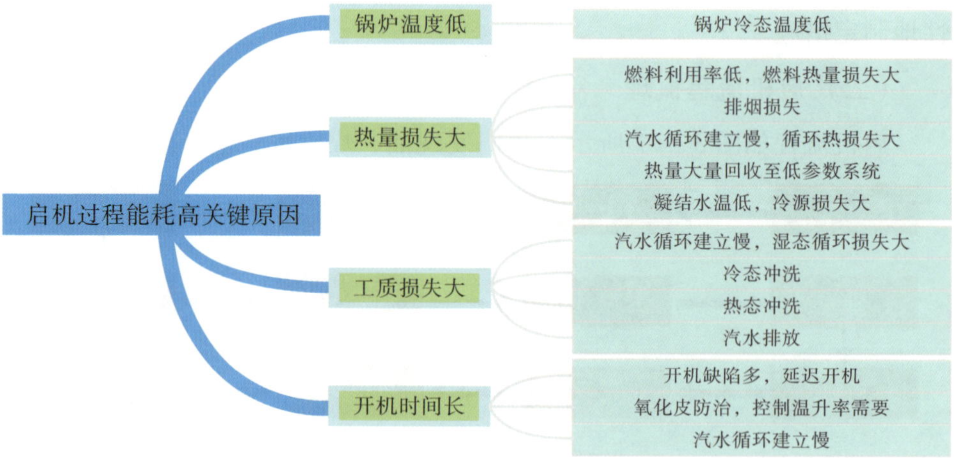

图 3－79　启机过程能耗高关键原因

三、改善

机组启动重要节点如图 3－80 所示。

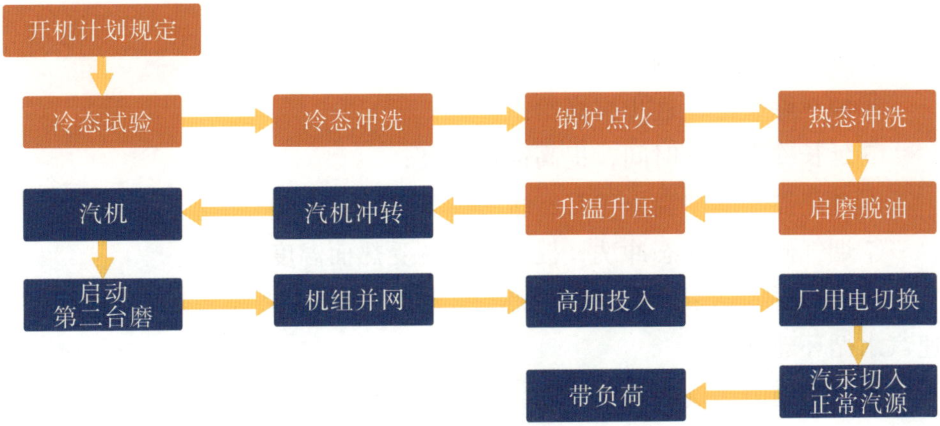

图 3－80　机组启动重要节点

（一）优化策略制定

（1）减少开机过程缺陷；

（2）减少工质损失；

（3）提高炉膛温度；

（4）减少热量损失；

（5）降低油耗；

（6）氧化皮防治——快速建立汽水循环。

（二）优化措施增值点落实

优化开机计划，细分节点推进。

（1）冷态试验：消除冷态缺陷，提高设备可靠性。

①各系统分体调试，消除缺陷。

②AB 层油枪更换为 1.5t 口径小油枪；点火前炉前油系统进行油循环，清洗滤网。

③等离子系统试拉弧，微油枪、主油枪冷态点火试验。

④热工测点校对，消除缺陷。

⑤编制机组冷态试转清单，消除开机过程缺陷。

（2）冷态冲洗：提高炉温减少热量、工质损耗，加速汽水循环建立。

①循环水使用邻机；

②再热器系统抽真空；

③凝结水温度控制在37～42℃；

④加热除氧器，逐步提高给水温度；

⑤延长冷态冲洗时间，提高锅炉温度；

⑥过热器系统壁温≥60℃，缓慢抽真空；

⑦烟气侧闷炉状态冲洗，提高锅炉各受热面温度。

（3）锅炉点火：提高炉温、燃料燃烧效率，减少热量、工质损耗，加速汽水循环建立。

在已实施的案例中我们发现：通过执行优化措施，在点火前，汽水循环已初步建立。

①给水上水阀门调节最小值改为400t/h；

②煤层点火许可值改为400t/h；

③给水流量低保护动作值改为400t/h；

④给水最小流量改为450t/h；

⑤MFT（主燃料跳闸）风量低保护动作值由600t/h改为536t/h。

（4）热态冲洗：加速汽水循环建立，提高炉温、燃料燃烧效率，减少热量、工质损耗。

①视真空情况，尽快全开高低旁；

②启动第一台循环水泵；

③提前做好启磨准备，启动等离子、微油系统；

④增大分离器至除氧器工质回收量；

⑤监控壁温、升温率≤1.3℃/min，压线升温。

（5）启磨脱油：节油，提高燃烧效率。

利用“少油点火理论”提前启磨；降低磨煤机液压加载力，低煤量运行；及时退出油枪，节油；提高磨煤机出口温度，提高着火稳定性。

（6）升温升压。

①控制升温率≤1.3℃/min，压线升温；

②参数满足提前挂闸暖机要求；

③变给水流量，减少工质排放量；

④恢复点火异动；

⑤高控除氧器压力，及时退出辅汽加热。

（7）机组并网：通过开机过程的精益改善，从点火到机组 300MW 耗时共缩短 2～3h。

（三）经济效益比对表：降至 94.3 万元

精益管理实施后，与 2015 年和 2016 年两年的综合成本平均值相比，2017 年单次开机节约成本 54.64 万元。以可门发电公司 2017 年已开机 9 次计算，节约开机成本 491.76 万元（表 3－27）。

表 3－27 项目实施经济效益比对

序号	材料名称	物质消耗			成本核算		
		2015 年度	2016 年度	2017 年 1 号机组开机	2015 年度/万元	2016 年度/万元	2017 年 1 号机组开机/万元
1	除盐水/t	2998	2621	2200	4.35	3.93	3.3
2	氨水/kg	229	217	420	0.08	0.07	0.14
3	酸/t	8	8	12.5	0.29	0.29	0.45
4	碱/t	10	9	14.3	0.88	0.79	1.26
5	混凝剂/kg	88	73	120	0.01	0.01	0.02
6	燃煤/t	1025	1184	945	87.13	100.64	56.25
7	燃油/t	43	40	22.57	34.4	32	18.06
8	辅汽折标煤/t	85	88	97.5	7.23	7.48	8.29
9	备用电源进线厂用电/（万 kW·h）	23.19	34	20.4	7.42	10.88	6.53
合计					141.79	156.09	94.3

（四）综合效益

1. 安全效益

（1）有利于启动过程氧化皮吹扫，确保锅炉“四管”安全。

（2）避免管道水击振动。

2. 环保效益

（1）降低脱硝催化剂、脱硫浆液中毒风险。

（2）降低电除尘内部结焦风险。

（3）提高机组环保设备的安全可靠性。

3. 经济效益

有效降低启机过程中的油耗、电耗、水耗、燃料消耗等。以 2017 年全厂开机 9 次计算，节约经济成本 491.76 万元。

四、标准化

（一）措施执行工作明细

机组启动过程锅炉节能精益管理标准化工作如表 3－28 所示。

表 3－28　机组启动过程锅炉节能精益管理标准化工作一览

序号	工作内容	责任部门
1	根据措施修订机组启动操作卡	发电部
2	根据措施修订启动计划，优化节点	发电部
3	对运行人员进行培训，落实措施	发电部
4	加强设备管理，提高可靠性	发电部
5	提高设备可靠性，提高开机过程消缺效率	维修部
6	加强启机过程管理，跟踪措施执行	发电部

（二）节点计划与专项防控

各项开机措施和实施细节如图 3－81 所示。

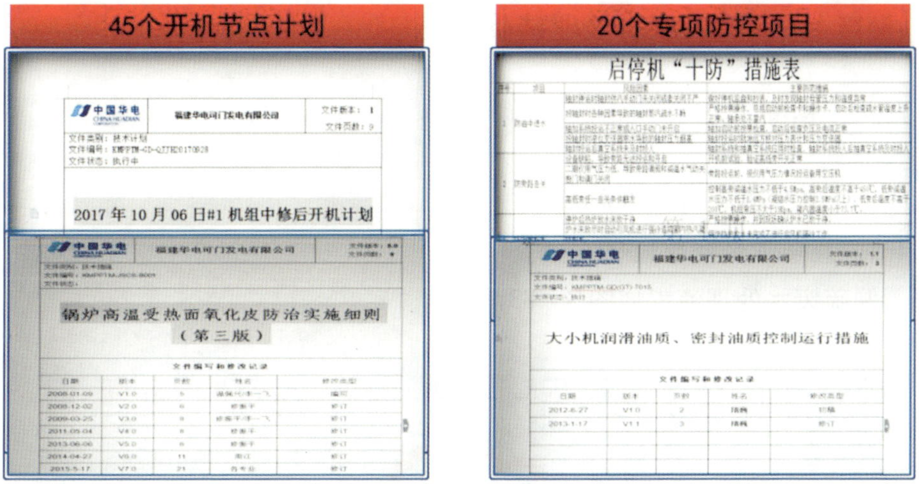

图 3－81　各项开机措施和实施细节

（三）技术总结

研究分析开机过程，形成规范性技术总结。通过不断总结提升，实现“持续改善，精益求精”；通过管理降耗、技术降耗的精益化，实现“杜绝浪费，创造价值”的经营理念（图 3－82）。

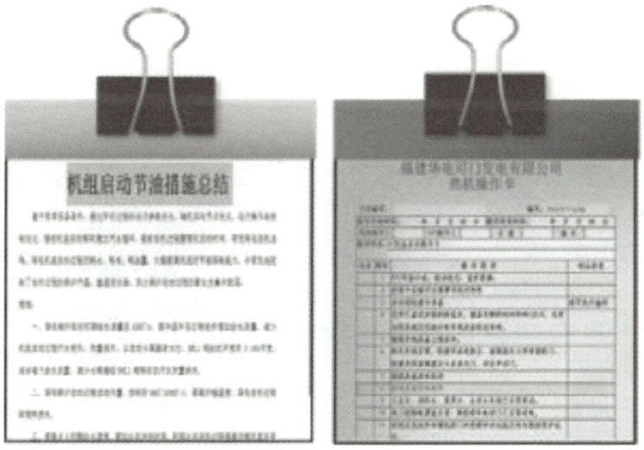

影响开机进度的总结

1.二期机组启动时吹灭程序多次出现问题，影响65分钟。措施：应汇总问题、发现规律，专门解决问题。

2.处理A磨入口门开问题，影响2小时。措施：启动前档板块试验应开检查孔检查。

3.处理B磨入口门漏问题，影响2小时。措施：提高检修工艺水平。

图 3－82　各项措施总结

（本案例由可门发电公司提供）

【案例3-11】 废水处理精益管理

一、诊断

（一）废水主要处理流程

1. 脱硫废水处理流程

脱硫废水处理流程如图3-83所示。

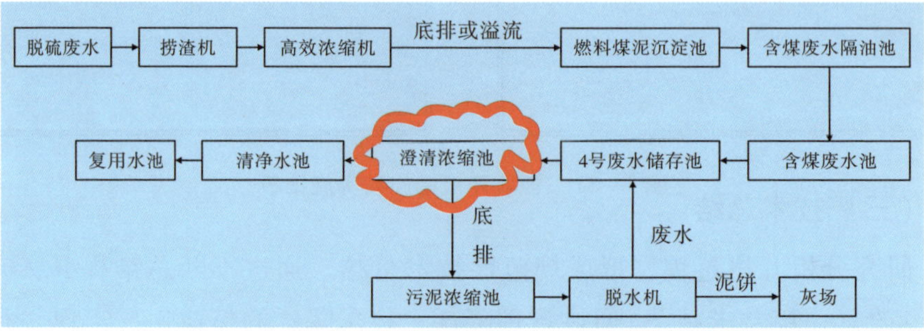

图3-83 脱硫废水处理流程

2. 含煤废水处理流程

含煤废水处理流程如图3-84所示。

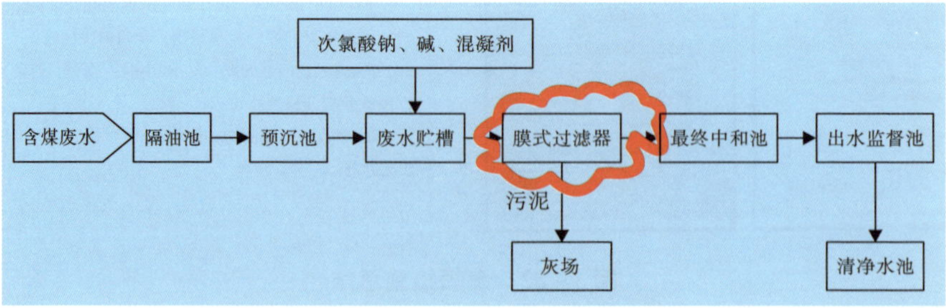

图3-84 含煤废水处理流程

（二）水质

（1）可门发电公司新增供热项目后，除盐再生废水产生量大，处理不及时，影响除盐系统再生。

（2）废水中和方式不精细，浪费酸碱。

（3）出水水质差，容易污染复用水。

（三）设备

（1）膜式过滤器故障频发，不能长期运行。

（2）脱水机故障频繁，仅 2017 年就发生大小 11 次缺陷。影响设备正常运行，处理效果差。

（四）课题目标

课题目标的设定如图 3－85 所示。

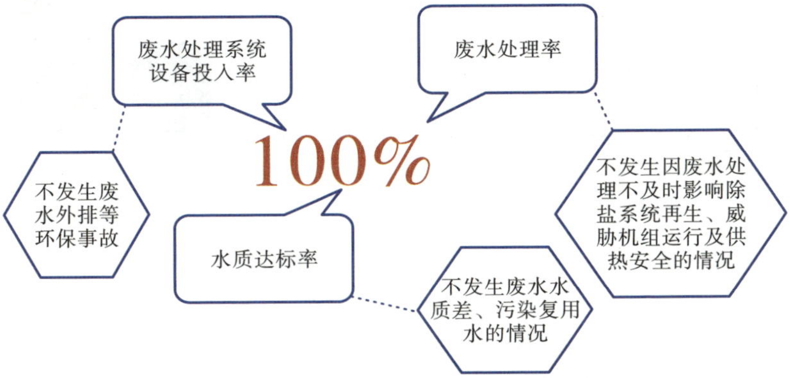

图 3－85　设定课题目标

二、分析

（一）原因分析

废水处理不及时、出水水质不达标的原因如图 3－86 所示。

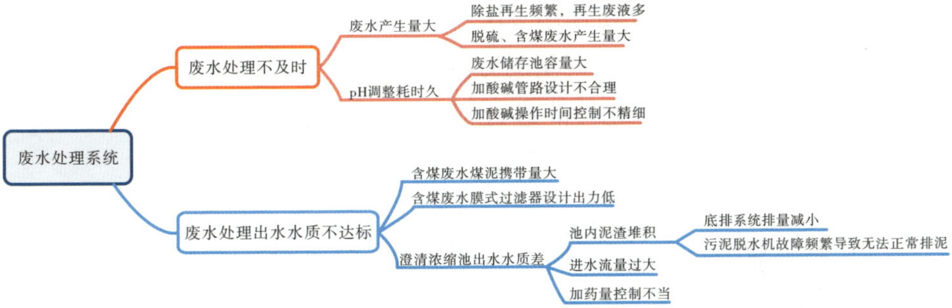

图 3－86　废水处理不及时、出水水质不达标的原因

（二）要因确认

1. 除盐树脂受污染，制水周期缩短，再生频繁，产生再生废液多

（1）2017年，可门发电公司新增供热项目，除盐水用量大幅增加（从2016年的33万t上升至2017年的115万t），除盐再生次数大幅度增加，再生废液量也成倍增长（图3－87、图3－88）。

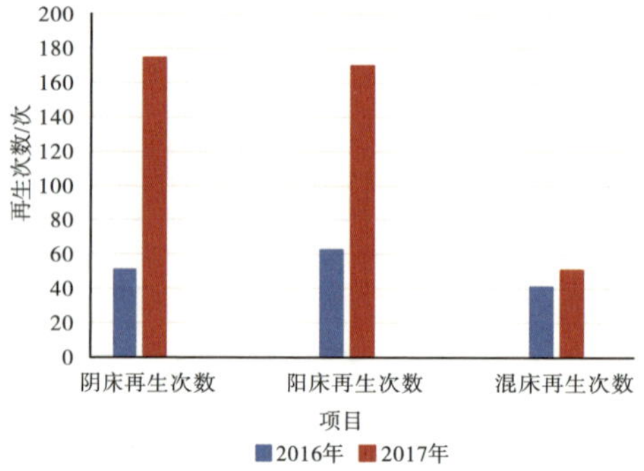

图3－87　阴阳床再生次数对比

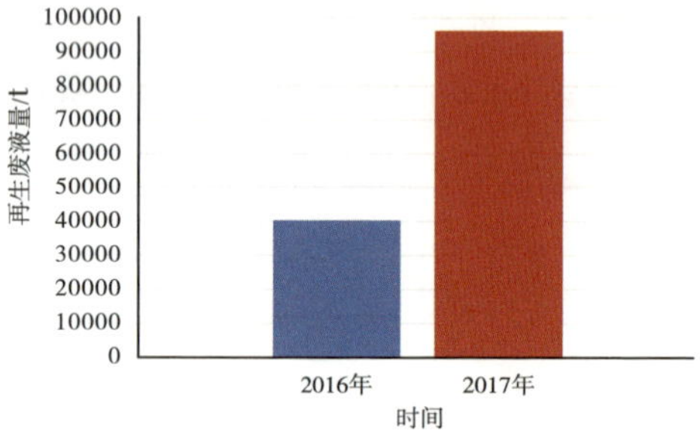

图3－88　再生废液量对比

（2）树脂理化性能降低。

①依据《发电厂水处理用离子交换树脂验收标准》（DL／T 519—2014）和《火力发电厂水处理用001×7强酸性阳离子交换树脂报废标准》（DL／T 673—2015）规定的方法，对运行中的01B混床D001MB强酸性阳离子交换树脂的理化性能进行了检测，与同类新树脂相比，其理化性能明显下降。建议监督运行，并定期取样分析。

②依据《发电厂水处理用离子交换树脂验收标准》（DL／T 519—2014）和《火力发电厂水处理用201×7强碱性阴离子交换树脂报废技术导则》（DL／T 807—2019）规定的方法，对运行中的01B混床D201MB强碱性阴离子交换树脂的理化性能进行了检测，与同类新树脂相比，其理化性能轻微下降。建议监督运行，并定期取样分析。

2. 加酸碱操作时间控制不精细

（1）废水池中和加酸碱时间，由主值按经验确定，造成加酸碱时间及搅拌时间长短差异大。

（2）经常出现加酸碱不足或过量的情况，极大地影响了废水处理效率（表3－29）。

表3－29　加酸时间的影响

	加酸时间/min	搅拌时间/h	加酸次数/次
最少	5	2	1
最多	25	10	4

3．含煤废水煤泥携带量大

含煤废水煤泥携带量大，影响出水水质，影响后续设备正常运行。

4．含煤废水膜式过滤器设计出力低

含煤废水膜式过滤器设计处理能力为25t/h，实际废水产生量在50t/h以上。

5．脱水机及排泥系统操作不规范

废水处理设备排污操作不当，导致澄清浓缩池污水进入出水监督池，污染复用水，造成后续设备磨损如浆液循环泵机封磨损，脱硫脱水机滤布、滤嘴磨损，循泵轴承磨损等。

三、改善

1．酸碱泡复苏受污染树脂，提高周期制水量，减少再生次数

（1）改良树脂酸碱泡工艺（图3－89），采用酸碱泡对受污染树脂进行复苏，提高除盐床体的周期制水量（图3－90），延长制水周期。

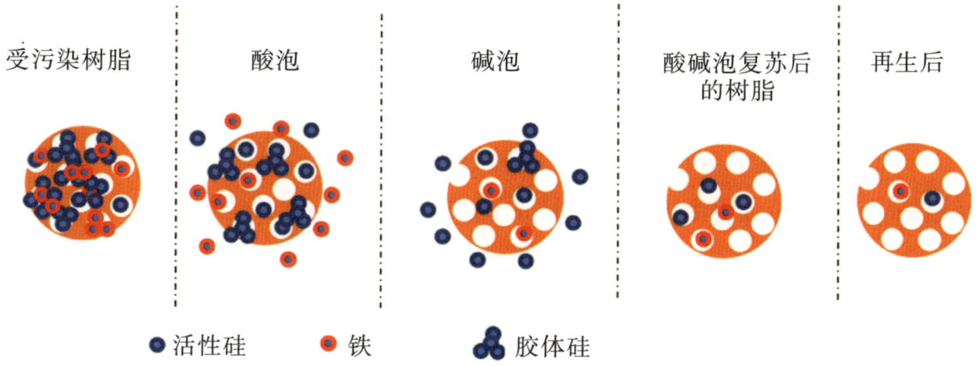

图3－89　改良树脂酸碱泡工艺

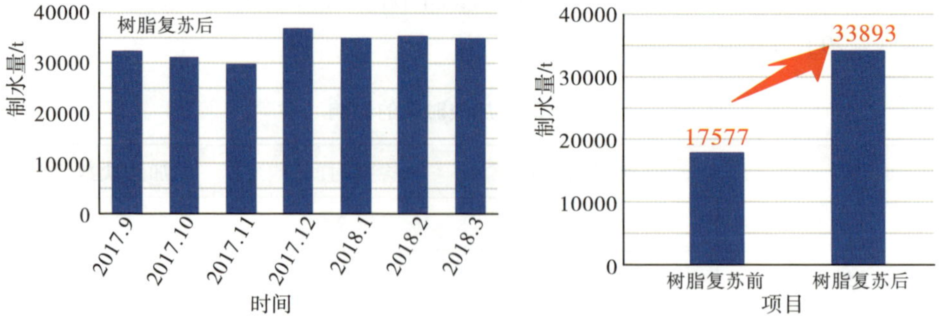

（a）树脂复苏后混床各周期制水量　　（b）树脂复苏前后混床平均周期制水量对比

图 3－90　除盐床体周期制水量

（2）采用先进的混床树脂复苏工艺，延长除盐床体制水周期，提高除盐床体再生效果，2018 年的再生次数较 2017 年有较大幅度的减少（图 3－91），再生废液量也相应降低（图 3－92）。

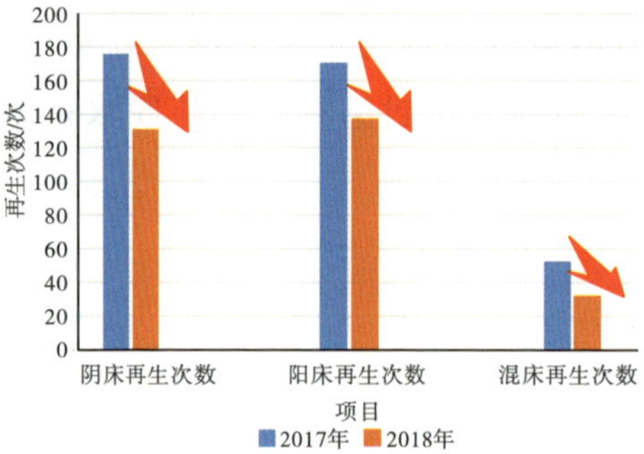

图 3－91　阴阳床再生次数对比

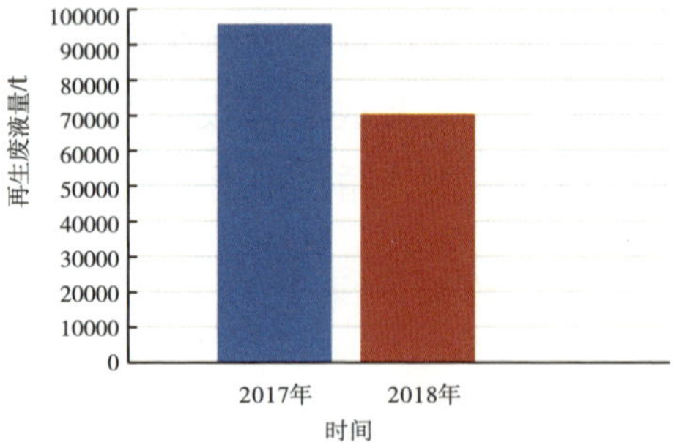

图 3－92　再生废液量对比

2. 废水池 pH 中和精益研究

（1）酸碱中和反应特点：酸碱中和反应是典型的非线性反应，反应过程中还存在混合、测量等滞后环节。

（2）不同废水液位下，小范围改变加酸量，记录时间和 pH 值，通过线性拟合，建立了加酸时间和 pH 的函数关系。

（3）通过废水池工业废水曲线图基本可以调节工业废水池液位分别为 2.5m、3.0m、3.5m，pH＞9。

3. 含煤废水池、隔油池、沉淀池定期清理

每季度对含煤废水池、隔油池、沉淀池清理一次，防止煤泥淤积影响后续设备正常运行。

4. 含煤废水利旧改造

（1）排渣管道延长：将泥渣排至含煤废水池重新处理。

（2）含煤废水池增加挡墙：防止泥渣进入含煤废水泵吸水口，避免水泵磨损，如图 3－93 所示。

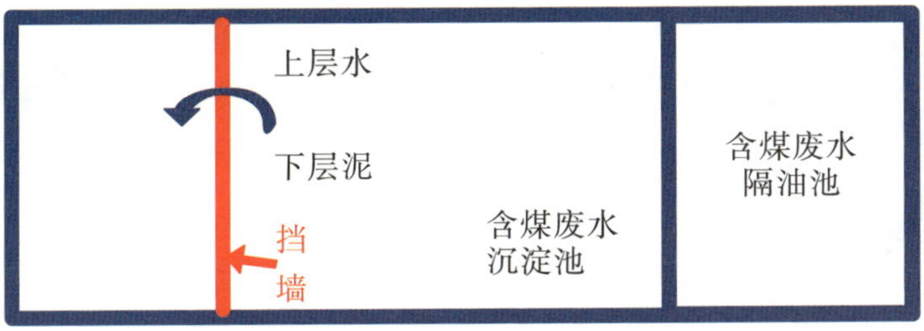

图 3－93　含煤废水利旧改造

（3）PLC（可编程逻辑控制器）程序调试优化：实现含煤废水处理系统自动运行。

5. 使用脱硫废水澄清浓缩池处理含煤废水

利用脱硫废水澄清浓缩池辅助处理含煤废水，处理能力可达 50t/h，出水水质符合废水处理水质标准：pH 在 6～9 之间，浊度≤20NTU。

6. 规范废水处理设备操作、加强巡检

（1）除正常巡检外，额外安排各值备主值每三小时检查一次废水处理出水水质，发现异常立即调整。

（2）规范废水处理设备排污操作，避免污水污染复用水。

（3）制定澄清浓缩池出水水质调整技术措施，每日底排 1 小时，避免泥渣堆积。

7. 改善效果

（1）再生废水加酸处理及时，减少了酸碱消耗，保证了环保应急池液位在 1.4m 以下，达到了环保检查标准。

（2）含煤废水利旧改造后，膜式过滤器出力可达 $25m^3/h$，废水处理

量提高，澄清浓缩池定期底排，杜绝了污染复用水的情况发生。

（3）年度废水回收量由40万t上升至51万t。

（4）脱水机每日正常运行，减少了废水区各设备泥渣层堆积，清池次数由每年3次降为每年1次。

8. 经济效益

改善后的经济效益如图3-94所示。

图3-94 改善后的经济效益

四、标准化

（一）除盐系统再生标准化

（1）修订各床体再生、酸碱泡、复苏操作卡。

（2）制定供热期间保证除盐水供水安全技术措施。

（二）废水池pH中和标准化

（1）通过废水池工业废水曲线图（图3-95）基本可以调节工业废水池液位分别为2.5m、3.0m、3.5m，pH>9。

（2）当pH>9时，调节废水pH，使pH在6～9之间，加酸时间如表3-30所示。

表 3－30　加酸时间

液位/m	2.5	3.0	3.5
加酸时间/min	13	19	27

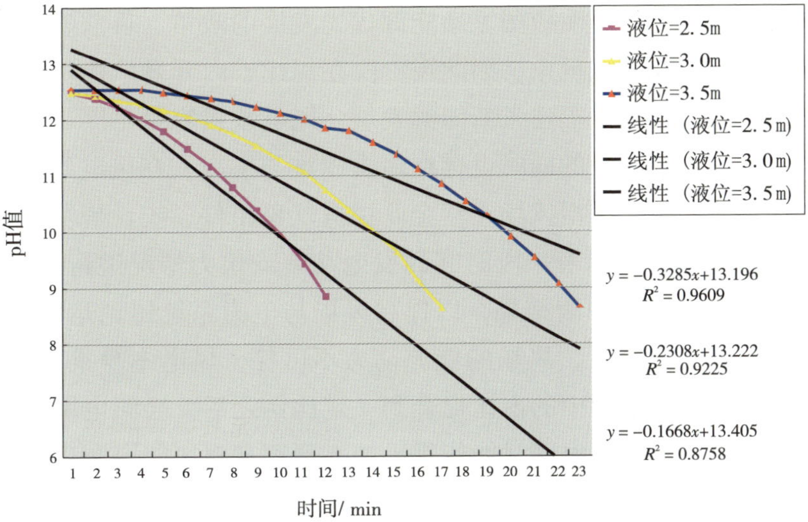

图 3－95　废水池工业废水曲线

（三）含煤废水池、隔油池、沉淀池定期清理

制订各水池滚动清理计划，含煤废水池、隔油池、沉淀池每季度清理一次。

（四）澄清浓缩池水质调整标准化

（1）澄清浓缩池增设巡检签到点，并要求各值备主值每 3 小时巡检一次。

（2）澄清浓缩池每日底排，且不与工业废水处理系统设备同时底排，防止污水混入清净水池污染复用水。

（3）控制出水 pH 在 6～9 之间，浊度≤20NTU，最大处理量为 50t/h。

（本案例由可门发电公司提供）

【案例3-12】 提高风功率预测精度

一、案例背景

福建省沿海地区风能资源丰富，福清风电公司风电场属于福建省沿海地区的一类风电场。为响应国家新能源优先发展的政策，目前省内完全消纳风电，即不存在弃风现象，因此现阶段在福建省内开发风能资源拥有一个极佳的平台。但随着福建省新能源发展，风电装机容量不断增加，未来风电发展拥有良好平台的同时也存在诸多困难与挑战。在风电领域，所谓的风功率预测预报，是指风场经营企业根据气象条件、统计规律等，提前对单个风场或风场群未来一段时间的发电功率或出力情况进行分析预测，向电网调度机构提交预测结果，以提高风场与电力系统协调运行的能力。相较于水电厂与火电厂，风场的能源动力不可控，风电本身具有波动性、间歇性，当风电在电网中的占比提升到一定比例之后，会给电网的运行安全带来一定风险，因此电网只能依靠风功率预测来对风能资源进行有效判断，对风电输出可靠、有效的预测有助于电网系统运行和调度人员应对风电的易变性，管理好电网系统中的风电，从而调控电网的产销使其达到平衡。优良的风功率预测系统有助于提高电网调峰能力，接纳风电，改善电网运行的安全稳定性，同时也有助于发电企业提高竞争力，规避风险。建设风电功率预测系统，将为电网提供有力的技术支持，为风能企业等单位带来明显的经济效益和社会效益。随着风能发电所占比重的上升，风功率预测的重要性越发突出。福建省电力调度中心已制定关于风功率预测系统考核指标的相关规定，各方对风场如何提高风功率预测精度越发重视。

对于电网侧而言，加强新能源场站发电计划申报管理是为了保障电网在安全、稳定运行的条件下能够尽可能多地接纳风电。对于风场而言，则是如何应对如此严格的风功率预测系统考核指标规定，做到避免电量被考核进而争取到电量奖励，因此提高风功率预测精度迫在眉睫（表3-31）。

表 3－31 改善目标

改善目标	1. 应对福建省电力调度中心的考核机制，提高总评分，避免电量被考核，进而争取电量奖励
	2. 预测风功率的波动，合理安排运行方式和应对措施，提高电网的安全性和可靠性
	3. 对风电进行有效调度和科学管理，提高电网接纳风电的能力
	4. 指导风电场的消缺和计划检修，提高风电场运行的经济性
	5. 根据风功率预测系统的预测结果，电网调度部门可以合理安排发电计划，减少系统的旋转备用容量，提高电网运行的经济性
	6. 通过改善风功率预测系统，提高设备运行稳定性，降低故障率

二、诊断

（一）数据分析

2017 年牛头尾风电场计划申报得分如图 3－96 所示。

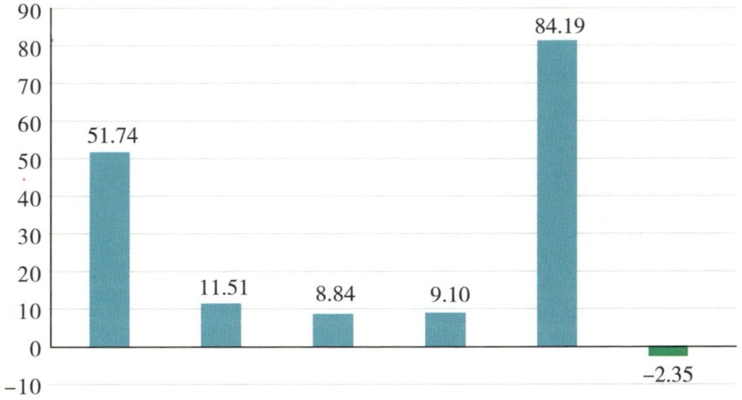

准确率评分	合格率评分	传送率评分	完备率评分	总评分	考核电量/（万kW·h）
51.74	11.51	8.84	9.1	81.19	-2.35

图 3－96 2017 年牛头尾风电场计划申报得分

2017 年牛头尾风电场总评分为 81.19 分，月平均被考核电量为 2.35 万 kW·h，主要是受 6 月与 10 月得分低的影响，总计被考核电量 28.2 万 kW·h。其准确率与合格率和省内评分高的风电场相去甚远。

（二）目标设定

提高风功率的预测精度，在福建电网风电场发电计划申报得分表中总评分从 81.19 分提高到 90 分以上。

合格率（短期合格率，如果偏差较大，注意核对短期文件是否上报、装机容量是否一致）计算公式为

$$r_2 = \frac{1}{N}\sum_{k=1}^{N} B_k \times 100\%$$

其中，$\left(1 - \frac{|P_{Mk} - P_{pk}|}{\text{Cap}}\right) \times 100\% \geqslant 75\%, B_k = 1$

$$\left(1 - \frac{|P_{Mk} - P_{pk}|}{\text{Cap}}\right) \times 100\% < 75\%, B_k = 0$$

传送率计算公式为

月（年）风功率预测数据传输率（%）＝月（年）成功传输数据天数÷月（年）日历天数

完备率计算公式为

完备率＝文件（短期、超短期、测风塔、风机、理论功率）实际上报数量÷应上报数量

准确率（短期准确率，如果偏差较大，注意核对短期文件是否上报、装机容量是否一致）计算公式为

$$r_1 = \left[1 - \sqrt{\frac{1}{N}\sum_{k=1}^{N}\left(\frac{P_{Mk} - P_{Pk}}{\text{Cap}}\right)^2}\right] \times 100\%$$

（三）原因分析

经过小组成员的讨论、总结，原因初步归结为以下几点：

（1）气象源对风速预测不够准确。

（2）风电场面积广袤，风速预测点选择过于单一。

（3）风功率预测系统由于设备原因存在上报不成功的情况。

（4）风功率预测系统算法偏差导致预测风速与预测功率不相符。

（5）每天的开机容量不同，导致实际负荷与预测负荷偏差大。

（6）外网不稳定或者网络中断，断网时系统无法从气象台网站上下载预测风速，导致风功率预测报表上报失败。

（7）由于风功率预测系统设备老化，程序运行不稳定。

（8）风功率预测系统日常运行中因外因或内因导致程序中断，而值班员未及时发现问题，耽误了最佳处理时机。（外因：设备掉电；内因：设备运行程序中断，硬件设备老化等）

（9）未制定合理的巡视机制，未能及时发现异常情况，未对常见故障进行统计且未制定应对手册。

对以上原因进行进一步分析：

（1）预测风速精度不够，风速预测点选择过于单一，都将影响风电场出力的预测准确性。咨询相关专业人员，得到的回复为：

①预测风速都存在一定的误差，无法百分百准确，但较为权威的气象台的预测风速误差较小。

②气象台通过大气压差、地形、卫星云图等综合手段进行风速预测，所预测的是片区内的平均风速。该风电场为山地风电场，因为风机尾流与山地对空气密度及风向的片区影响，小范围内风速不一（达到5m/s）。

（2）预测风速与预测功率存在不相符的情况。经了解，目前风电场普遍采用两种模型（一种是统计模型，另一种是物理模型），牛头尾风电场虽已建厂多年，但其装机容量一直在增加，由于一期、二期风机采用不同的机型，所处地理位置也有略微的差别，尤其是风机的功率曲线也不一样，所以建模采用的统计模型的准确性有待提高。

东润环能公司的预测系统自投运后会时常暴露出一些问题，如由于系统老化，程序运行不稳定且预测精度低等。

（3）网络的稳定运行是一个重要因素，若无法从外网下载次日预测风速，预测功率、负荷则是无稽之谈。

（4）根据风电场运行情况，小组成员进行了一段时间的运行情况追踪，针对每天的开机容量不一的情况提出了几点看法：

①一期、二期风机几乎每天都存在故障或者定检情况，故障或定检风

机较多的时候会影响出力 3～10MW。

②某些风机因为自身故障等原因，风电场运行检修人员对其进行限转速，例如一期风机额定转速为 1750r/min，额定功率为 1.5MW，当转速降至 1350r/min 时，风机的输出功率只有 0.4MW，与额定功率相差 1.1MW。多台风机限转速也将影响出力。

③存在集电线路开关跳闸的情况，今年 C 组集电线路 330 开关因避雷器击穿、闪络、绝缘损坏等原因多次出现跳闸，C 组共有 11 台风机，装机容量达到 16.5MW。这对于总装机容量仅 78MW 的风电场来说算是严重影响出力。

④受到年度的全场定检的影响。定检工作通常在夏季开展，其间为增加发电量，采用 1 号、2 号机组主变分开定检的模式。因此在全场定检期间，每天的开机容量较平常有较大差异。故更改每天的开机容量有助于提高预测功率的准确性。

（四）要因确认

经过原因分析，小组成员深入探讨后把要因总结为以下几点：

（1）气象源对风速预测不够准确。

（2）风功率预测系统存在缺陷造成上报不成功的情况。

（3）风功率预测系统的预测功率计算机模型算法有偏差，导致预测风速与预测功率不相符。

（4）每天的开机容量存在变化，而系统没有及时更改，导致预测出力不准确。

（5）网络原因导致预测风速无法下载进而无法预测功率。

（6）未制定合理的巡视机制，未对常见故障进行统计且未制定应对手册。

（7）风功率预测系统供电可靠程度未受到重视。

三、改善

主要影响因素对策如表 3 - 32 所示。

表 3 - 32 主要影响因素对策表

现状	目标	对策
风功率预测系统存在缺陷造成上报不成功的情况	降低机器故障率，提高风功率预测系统稳定性	联系厂家争取提高硬件及软件的可靠性
预测风速与预测功率存在不相符的情况	提高预测功率的准确率	了解风功率预测系统建模类型，与厂家进行深度合作，及时反馈日常功率数据，重点分析预测风速与预测功率不相符的数据。配合厂家进行算法模型优化
风电场每天的开机容量不一，但系统默认的开机容量固定，导致预测功率不准确	精确开机容量	与检修班、厂家以及部门之间加强沟通，了解每天的定检维护项目，包括定检消缺、风机限速等，及时查看每天的工作安排，从而知道每天的开机容量。当发生线路跳闸或进行定检时也应适当调整开机容量
预测风速精度问题	提高预测风速准确率	采用更权威的气象台预测数据
网络原因导致预测风速无法下载进而无法预测功率	改善网络环境	对于网络断网事件，铺设一条专用网线作为系统网线并设置电信、联通网络互为备用的模式
未制定合理的巡视机制，未对常见故障进行统计且未制定应对手册	每日固定时间查看系统，及时了解系统得分情况，并制定常见故障处理手册	值班认真定时巡视，及时发现并处理故障，缩短故障时间。联合厂家制定常见故障处理手册，加强与福建省电力调度中心联系，了解每日风功率预测系统得分情况，发现低分情况及时采取应对措施
风功率预测系统供电不可靠	保证系统不断电	将风功率预测系统电源接入 UPS（不间断电源）系统

（一）对策实施

第一阶段：经过多方调研，最终确认采用准确率更高的 NSF3100 风功率预测系统（图 3－97）。

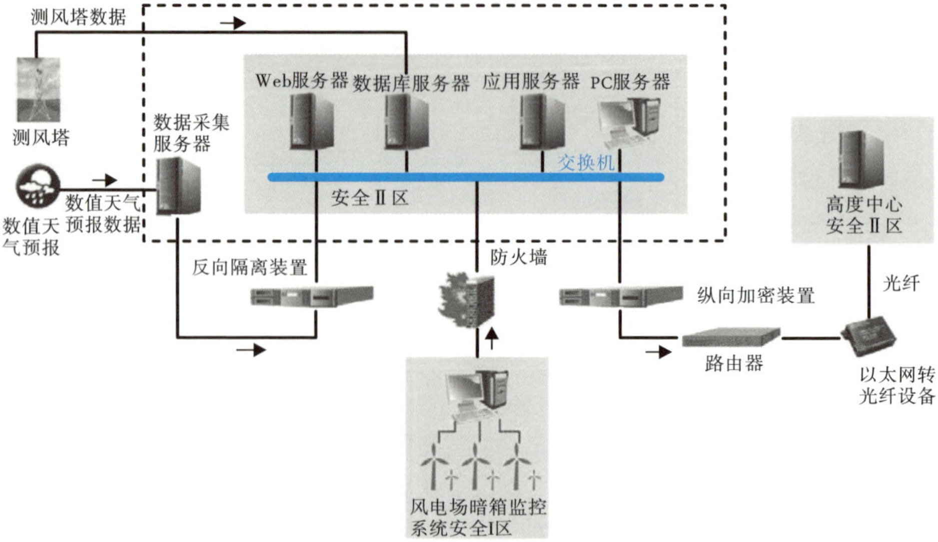

图 3－97　NSF3100 风功率预测系统

第二阶段：实施系统改造，解决电源、网络等问题。

小组人员协助厂家在继保室安装新的屏柜，调试新设备，同时针对因网络问题造成风功率预测系统预测风速下载失败的情况，组员提出在现有网络环境下，再设置一条电信网络专线作为风功率预测系统的备用网络。当主网络出现故障时，立即切换至备用网络。因此，值班员应密切观察风功率预测系统运行状态，发生网络故障时应及时切换网络并检查软件运行是否正常。

对于风功率预测系统供电不可靠的问题，小组人员从风电场 UPS 电源屏拉出专用电缆作为新风功率预测系统的电源，可以很好地解决意外或倒换厂用电导致系统断电的问题。

第三阶段：解决风功率预测系统预测功率精度不高的问题。

预测功率精度不高最直接的原因就是预测风速不精确，小组成员收集的大量日常数据显示，预测风速与实测风速偶尔出现时间段超过 5 小时且平均误差大于4m/s的情况，误差集中在风速骤起或骤降的时间段。在起风期的同一时刻，预测风速往往小于实测风速3～5m/s，因此，明确要求风功率预测系统采用较为权威的气象预测数据即国家气象局上海台风研究所的气象预测数据。

虽然每天的开机容量不一，但系统默认的开机容量固定，导致预测功率不准确的问题主要有以下几点原因：

（1）一期、二期风机每天都存在故障，引起风机停机或限功率运行，当故障风机较多时将对预测功率产生较大影响。

（2）集电线路开关跳闸。

（3）年度的全场公用系统定检。运行值班员应与检修班组及部门加强沟通，及时了解检修工作安排和风机及站内设备维护的进度。

因此必须密切关注每天开机容量的变化，尤其是可预见性的容量变化。运行值班员应在前一天晚上与检修班组长商量后确定后一天的开机容量，并交代大夜班值班员在后一天8：00之前及时修改开机容量以提高预测功率的准确性。

第四阶段：制定保证风功率预测系统安全、可靠运行的措施。

（1）制定巡检机制，将风功率预测系统纳入运行交接班检查和巡回检查范围，巡查人员应检查风功率预测系统的运行状况，并在巡检时将设备运行状态填写至智能巡检手机上。

（2）制定风功率预测系统软件运行及常见故障排查手册。

（3）申请并注册福建省电力调度中心新能源D5000平台牛头尾风电场账号。每日通过此平台能够查看风功率预测系统将数据上报至福建省电力调度中心新能源平台的具体情况，包括各种指标的曲线图及风功率预测系统每日得分。还可以看到福建省电力调度中心成功接收相关数据后为绿色指示灯，若接收失败或上报时间未到则为红色指示灯，利用此平台可方便小组人员及时掌握系统运行状态。

（4）建立信息及技术人员交流微信群。

风电场运行部及小组人员与风功率预测系统厂家工作人员建立微信群，利用现在的手机微信平台快速、便捷、有效地进行沟通，让小组人员更好地参与信息反馈、掌握新知识与解决故障。

（二）检查效果

图3－98是2018年6月牛头尾风电场的得分情况：除合格率得分变化不大外，其余指标的得分均明显提升。

图3－98　2018年6月牛头尾风电场得分情况

（三）实施改善

针对预测风速与短期预测功率不相符的问题，小组成员认识到主要原因为风功率预测系统算法模型不准确，次要原因为三期风机并网。

预测风电输出功率的三种主要方法为：

（1）统计方法：预报时效不超过6小时，统计法基于“学习算法”，通过一种或多种算法在历史数据与测得的风电场历史输出功率数据之间建立联系（关系式），再根据该关系式和数据对风电场的输出功率进行预测。特点：在数据完备的情况下，理论上可以使预测误差降到最小；需要大量历史数据的支持，不适用于新建风电场，对历史数据变化规律的一致性有很高的要求。

（2）物理方法：预报时效为几十个小时，应用大气边界层动力学与边界层的气象理论，将数值天气预报数据精细化为风电场实际地形、地貌条件下的风电机组轮毂高度的风速、风向，考虑尾流影响后，再将预测风速应用于风电机组的功率曲线，由此得出风电机组的预测功率。最后，对所有风电机组的预测功率求和，得到整个风电场的预测功率。特点：不需要风电场历史功率数据的支持，适用于新建风电场；可以对每一个大气过程进行详细的分析，并根据分析结果优化预测模型；对由错误的初始信息所引起的系统误差非常敏感；计算过程复杂，技术门槛较高。

（3）统计与物理相结合的方法：预报时效为几十个小时。

小组成员采用统计与物理相结合的方法，预测模型以物理模型、统计模型及物理统计结合模型为基础，该方法具有以下特点：

①多时效（短期、超短期）、全天候预测建模；

②多模型方法，实现集合预报；

③考虑风电场尾流效应等因素；

④模型具备风电场不同工况（检修等）预测能力；

⑤模型适用于风电场的后期扩容建设；

⑥模型参数率定算法（图 3－99）和功率预测算法采用多线程模型，保证最高运算效率。

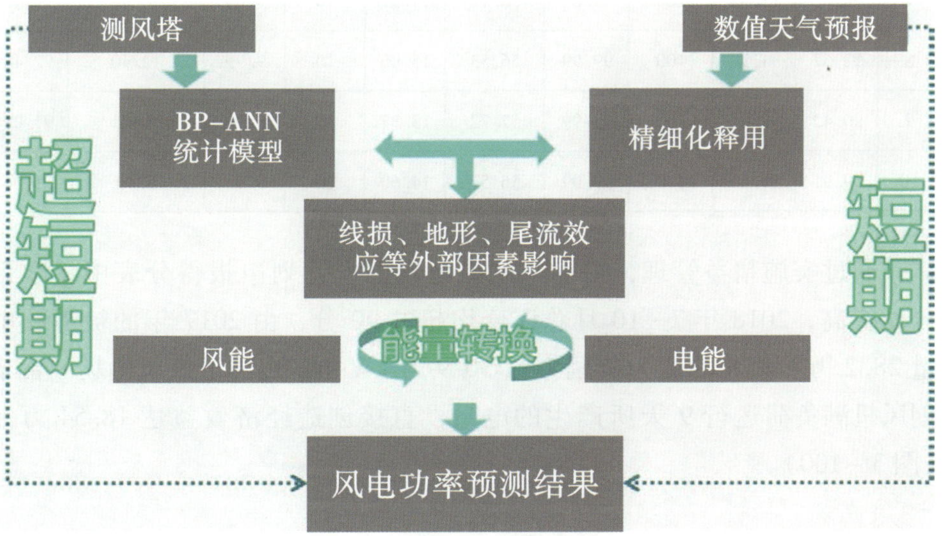

图 3－99　模型参数率定算法

小组成员负责收集以下信息用于系统建模：

①风机标准功率曲线与各风机运行功率曲线；

②各风机历史运行数据；

③风电场最近一年的历史运行数据；
④风电场区域范围；
⑤风电场地表特征；
⑥风电场地形图；
⑦风电场气候特征；
⑧风机总体布局方案图和卫星照片；
⑨测风塔历史观测数据。

（四）效果检验

2018 年 7—10 月风功率预测系统总评分如表 3 – 33 所示。

表 3 – 33 2018 年 7—10 月牛头尾风电场风功率预测系统总评分

月份	准确率/%	合格率/%	传送率/%	完备率/%	准确率评分/分	合格率/得分	传送率/得分	完备率/得分	考核电量/（万 kW·h）	总评分
7	90.62	91.32	100	99.84	58.11	13.51	10	9.84	7.30	91.46
8	92.57	91.98	100	99.99	56.53	15.96	10	9.99	12.40	92.48
9	90.42	92.01	100	99.99	57.72	13.37	10	9.99	5.40	91.08
10	89.91	91.60	100	99.99	56.57	14.60	10	9.99	5.80	91.16

通过实施精益管理，福建电网风电场发电计划申报得分表中各项评分均提高，2018 年 7—10 月总评分均超过 90 分，由 2017 年的被考核电量 28.2 万 kW·h 转变为奖励电量 30.9 万 kW·h，相当于该风电场一台华创风机满负荷运行 9 天所产生的电量，直接创造经济效益达 18.54 万元（图 3 – 100）。

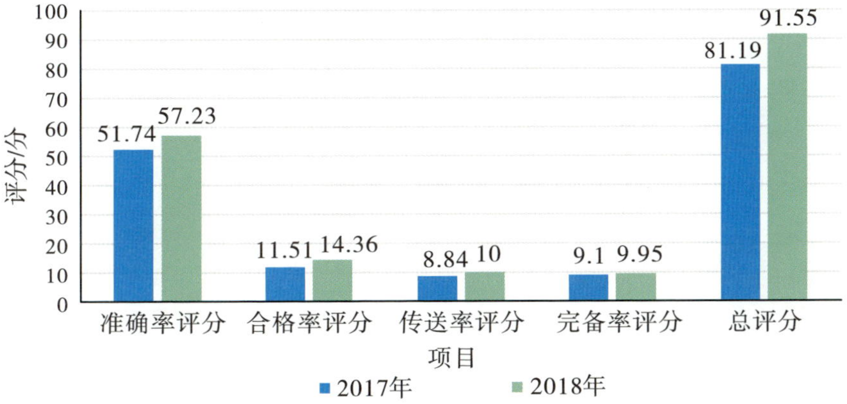

图 3－100　牛头尾风电场 2017 年、2018 年得分对比

四、标准化

（1）将风功率预测系统的设备列入智能手机 App 巡检系统。

（2）总结归纳，编写常见故障手册。

（3）修改中控巡屏规定，每小时查看一次风功率预测系统服务器数据采集及上传情况。

（4）成立“风功为绩”团队，加大测风数据监测与分析力度，优化模型。

（5）将精益成果编入规程。

（本案例由福清风电公司提供）